Seafarer Handbook
海船船员手册

中华人民共和国海事局　主编

人民交通出版社股份有限公司
China Communications Press Co.,Ltd.

内 容 提 要

本手册根据《中华人民共和国劳动法》、《中华人民共和国船员条例》等国内法律法规及《2006 年海事劳工公约》的规定，按照海船船员职业发展的进程，系统地介绍了海船船员的入职要求、任职条件、就业途径以及劳动和社会保障权利等内容，以期为广大海船船员保护自身的劳动就业权利提供参考。

本手册适用于有志成为海船船员的院校生及广大在职海船船员学习和参考，也可以为海事主管机关、航运公司、船员服务机构、船员培训机构的业务人员学习和掌握国内相关法律法规和公约要求提供帮助。

《海船船员手册》编写组

主　　审　于洪江

主　　编　毛洪鑫

副 主 编　陈　刚　吴燕平

编写人员　郑永炳　郝　勇　范耀天　朱新艳
　　　　　李金锡　潘思思　石文韬　陈　谞
　　　　　胡　珺　王长海　欧阳江萍　刘超群

前　言

2013 年 8 月,有全球海员“权利法案”之称的《2006 年海事劳工公约》开始生效,这无疑将会对保护全球海员权利和促进国际海运业的健康发展产生积极而深远的影响。作为国际劳工组织成员国和拥有世界上最多数量船员的中国,必然要将履约提上日程,为履约的推进采取切实、可行的措施。首当其冲是普及《2006 年海事劳工公约》中的知识和信息,并让船员了解与国际公约相对接的国内法的具体规定。因此,围绕着船员的劳动权益,按照其职业发展的顺序,我们编写了《海船船员手册》,以简明、可操作的指南形式,为广大航运企业、船员服务机构及船员的守法履约提供行动指导。

本手册中涉及的概念界定如下:

海员/船员:除非特指,本手册中海员/船员指受雇在海船船舶上工作、实习和见习的船员。

海船/船舶:除非特指,本手册中海船/船舶指在海上航行的商船,不包括渔业船舶、军事船舶、体育运动船舶和非营业性游艇。

船东:船东指船舶所有人或者从船舶所有人那里承担了

船舶经营责任并在承担这种责任时已同意承担海事劳工管理责任和义务的船舶经营人、管理人或者光船承租人。

本手册由中华人民共和国海事局组织编写，是广东海事局与武汉理工大学合作开展海事劳工履约研究的课题成果，借鉴和吸收了海事系统、航海院校和航运企业专家学者的意见，并得到了辽宁海事局、大连远洋运输公司、中海客轮有限公司、大连国际海事技术服务有限公司、大连国际航业分公司等单位的大力支持，在此表示诚挚的谢意。由于本书完成出版之时，我国政府还未批准《2006 年海事劳工公约》，且 STCW 公约马尼拉修正案履约仍在过渡期，国内相关的法律、法规还在持续修订过程中，难免有疏漏的地方，编写组将持续更新，敬请各位读者斧正。阅读本手册如有疑问或有更好的建议，可联系编写组武汉理工大学陈刚（chengangns@whut. edu. cn）。

中国海事局海事劳工履约工作组
国际海事研究委员会船员分委会
2015 年 6 月
北京

声明：本手册编者和出版社在此声明，由于本手册可能存在错误，或因为法律法规的变化未及时更新，阅读者需查阅最新的法律法规，本手册编者和出版社不承担任何因为参考本手册而引发的法律责任。

目　录

第一篇　船员入职

第二篇　船员任职

第三篇 船员就业

第四篇 船员权益和义务

第一篇　船员入职

第一章　船员职业概况

第一节　船员职业介绍

一、船员职业发展

个人职业生涯的成长过程即为职业发展。《2006年海事劳工公约》(以下简称《公约》)有关船员职业发展要求体现在规则2.8“船员职业发展和技能开发及就业机会”中。为了向海运业提供稳定和胜任的海员,各成员国应制定国家政策,以鼓励海员在海运业内寻求职业发展和技能开发及就业机会;成员国主管部门还应与船东和海员组织协商,为那些船上职责主要涉及船舶安全操作和航行的海员,确定关于职业指导、教育和培训的明确目标,其中应包括继续培训方面的目标。

在我国,从普通船员一直成长为大副、船长或大管轮、轮机长,这是船员职业发展的一条技术通道,也是最基础的一条成长路径。

结合船员培训、考试和发证要求,可以将一名船员的海上职业发展路径细化。

二、船员上船工作的条件和权利

《公约》对船员上船工作的条件和权利做出了规定,其中船员上船工作必须具备以下四个方面条件:

(1)年龄:确保不准雇佣未成年人上船工作——具体而言,禁止16周岁以下的人员受雇、受聘或到船上工作。我国的《中华人民共和国船员条例》(以下简称《船员条例》)规定,申请船员注册的公民最低年龄是18周岁,到船上见习或实习的人员由于不参加独立值班,最低年龄可放宽到16周岁。

(2)健康体检:确保所有船员的健康状况适合履行海上职责。

(3)培训和资格:确保船员经过培训并具备履行职责的资格。

(4)招募和安置:确保船员有机会利用高效和规范的船员招募安置服务。

船员上船工作的权利主要包括:

(1)船员就业协议:确保船员获得公平的就业协议。

(2)工资:确保船员获得工作报酬。

(3)工作或休息时间:确保船员享有规范的工作时间和休息时间。

(4)休假:确保船员有充分的休假。

(5)遣返:确保船员能够回家。

(6)船舶灭失或沉没对船员的补偿:确保船舶灭失或沉没对船员进行赔偿。

(7)起居舱室和娱乐设施:确保船员在船上有体面的起居舱室和娱乐设施。

(8)食品和膳食:确保船员获得根据规范的卫生条件提供的优质食品和饮用水。

(9)船上和岸上医疗:保护船员健康并确保其迅速得到船上和岸上医疗;对船员因就业而产生的疾病、受伤或死亡导致的经济后果,船东应该负责。

(10)保护健康和安全及防止事故:确保船员的船上工作环境有利于其职业安全和健康。

(11)使用岸上福利设施:确保船员能够使用岸上设施和服务。

(12)社会保障:确保采取措施为船员提供社会保障。

对以上《公约》规定的要求,航运公司必须满足,并建立和完善相关公司管理制度,以在船上保持有效地执行。《公约》进一步规定,500总吨及以上船舶应持有《海事劳工符合证书》和《海事劳工符合声明》,用于证明船舶上船员工作的条件和权利满足《公约》以上各方面的要求。

《海事劳工符合证书》和《海事劳工符合声明》由船旗国主管部门或其认可组织颁发。其中,《海事劳工符合声明》有两部分,第Ⅰ部分是由船旗国根据国家法律法规的规定进行编制;第Ⅱ部分由船东负责编写,陈述船东符合国家声明制定的措施。《海事劳工符合声明》的主要内容是陈述船旗国和船东为了保证船员在船的体面工作而针对《公约》规定的14个方面所采取的各项措施。这两个文件,一旦颁发即证明船舶的海事劳工状况达到《公约》要求,也是船舶在国外接受港口国监督检查的重要内容。因此,《公约》同时要求,一份当前有效的英文版的《海事劳工符合证书》和《海事劳工符合声明》应随船携带,并将其公布在船员能够到达的显著位置供船员查看。

三、船员所工作的船舶

《公约》适用国际航行和国内沿海航行的商船,不适用内陆水域和港口水域航行的船舶(如港口拖轮、驳船、供给船等),也不适用渔船、传统方法制造的船舶(例如独桅三角帆船和舢板)、军用船舶。

四、船舶航线及主要港口

船员所工作的船舶航区可分为沿海航区和无限航区。沿海航区的船舶只在中国沿海航行;无限航区的船舶可以在国际通航水域航行。

沿海船舶上船员的工作条件、劳动权利等受中国主管部门的管理监督;中国籍的远洋船舶上船员劳动条件受中国主管部门的管理,但航行到境外时受到港口国主管部门的监督;外派船员的工作条件、劳动权利等受船旗国主管部门的管理,航行至中国港口时受中国主管部门的监督。

第二节　船员职务

一、船员职务与职能

按照《中华人民共和国海船船员适任考试和发证规则》(简称“11规则”)需持有适任证书的船员职务依照其在船舶上所服务的部门分为:(1)船长;(2)甲板部船员:大副、二副、三副、高级值班水手、值班水手,其中大副、二副、三副统称为驾驶员;(3)轮机部船员:轮机长、大管轮、二管轮、三管轮、电子电气员、高级值班机工、值班机工、电子技工,其中大管轮、二管轮、三管轮统称为轮机员；(4) GMDSS 无线电操作人员：一级无线电电子员、二级无线电电子员、通用操作员、限用操作员。

船员职能分工为：(1) 航行；(2) 货物操作和积载；(3) 船舶作业和人员管理；(4) 轮机工程；(5) 电气、电子和控制工程；(6) 维护和修理；(7) 无线电通信。

船员职能按照岗位职责层级可以分为：(1) 管理级：船长、轮机长、大副、大管轮、政委（中国籍船舶设置）；(2) 操作级：二副、二管轮、三副、三管轮、电子电气员（级别与三副/三管等同）、无线电操作人员（通常由驾驶员兼任）、轮机员助理、驾驶员助理；(3) 支持级：水手长、机匠长、水手、机工、厨师、事务员等。

二、船员适任航区

船员按所持适任证书中的适任航区分为无限航区和沿海航区，但无线电操作人员适任的航区分为 A1、A2、A3 和 A4 海区。

其中，无限航区是指海上任何通航水域，包括世界各国的开放港口和国际通航运河及河流；沿海航区是指我国沿海的港口、内水和领海以及国家管辖的一切其他通航海域。

A1 海区是指至少由一个具有连续数字选择呼叫（即 DSC）报警能力的甚高频（VHF）岸台的无线电话所覆盖的区域；A2 海区是指除 A1 海区以外，至少由一个具有连续 DSC 报警能力的中频（MF）岸台的无线电话所覆盖的区域；A3 海区是指除 A1 和 A2 海区以外，由具有连续报警能力的国际海事卫星组织（INMARSAT）准静止卫星所覆盖的区域；A4 海区是指除 A1、A2 和 A3 海区以外的海区。

三、船员职务等级

11 规则规定的船员适任证书等级分为：

（一）船长、驾驶员、轮机长和轮机员适任证书等级分为：

1）无限航区适任证书分为二个等级：

(1) 一等适任证书：适用于 3 000 总吨及以上或者主推进动力装置 3 000 千瓦及以上的船舶；

(2) 二等适任证书：适用于 500 总吨及以上至 3 000 总吨或者主推进动力装置 750 千瓦及以上至 3 000 千瓦的船舶。

2)沿海航区适任证书分为三个等级:

(1)一等适任证书:适用于3 000总吨及以上或者主推进动力装置3 000千瓦及以上的船舶;

(2)二等适任证书:适用于500总吨及以上至3 000总吨或者主推进动力装置750千瓦及以上至3 000千瓦的船舶;

(3)三等适任证书:适用于未满500总吨或者主推进动力装置未满750千瓦的船舶。

(二)高级值班水手、高级值班机工适任证书适用于500总吨及以上或者主推进动力装置750千瓦及以上的船舶。

(三)值班水手、值班机工适任证书等级分为:

1)无限航区适任证书适用于500总吨及以上或者主推进动力装置750千瓦及以上的船舶;

2)沿海航区适任证书分为二个等级:

(1)一等适任证书:适用于500总吨及以上或者主推进动力装置750千瓦及以上的船舶;

(2)二等适任证书:适用于未满500总吨或者主推进动力装置未满750千瓦的船舶。

(四)电子电气员和电子技工适任证书适用于主推进动力装置750千瓦及以上的船舶。

在拖轮上任职的船长和甲板部船员所持适任证书等级与该拖轮的主推进动力装置功率的等级相对应。

适任证书持有人,应当在适任证书适用范围内担任职务,或者担任低于适任证书适用范围的职务。但担任值班水手职务的船员必须持有值班水手或者高级值班水手适任证书,担任值班机工职务的船员必须持有值班机工或者高级值班机工适任证书。

四、船员职务晋升的典型途径

中华人民共和国公民经过相应培训且考试合格的,有四条典型路径可以进入船员队伍,具体如下:

第一,中学毕业后经过4个月相应岗位适任培训且考试合格,经6个月海上见习,可取得值班水手(机工)适任证书。持有值班水手(机工)适任证书任相应职务满18个月,经2个月相应岗位适任培训且考试合格者可以取得高级值班水手(机工)适任证书;或经12个月相应岗位适任培训，通过相应航区三副（三管轮）适任考试再经6个月相应实习（其中至少3个月在高级船员指导下值班），可取得相应航区三副（三管轮）适任证书。后续发展和其他途径相同。可将这一路径称为“中学毕业：值班水手（机工）→高级值班水手（机工）（非必须职务）→相应航区三副（三管轮）”。

第二，高中毕业后接受两年全日制航海类中职中专教育［或经24个月三副（三管轮）岗位适任培训］申请沿海航区三副（三管轮）适任考试，考试合格者经12个月三副（三管轮）实习（其中至少6个月在高级船员指导下值班），可取得沿海航区三副（三管轮）适任证书；或经12个月相应海上资历后，直接申请无限航区三副（三管轮）适任考试，考试合格者经12个月三副（三管轮）实习（其中至少6个月在高级船员指导下值班），可取得无限航区三副（三管轮）适任证书，后续发展和其他途径相同，可将这一路径称为“航海类中职中专毕业：沿海航区三副（三管轮）→无限航区三副（三管轮）”或“中职中专毕业：12个月相应海上资历→无限航区三副（三管轮）”

第三，高中毕业后接受3年全日制航海类高职高专学历教育（或4年全日制航海类本科学历教育）且通过三副（三管轮）适任考试，经12个月三副（三管轮）实习，其中至少6个月在高级船员指导下值班，可取得三副（三管轮）适任证书，后续发展和其他途径相同。可将这一路径称为“航海类高职高专本科院校毕业：无限航区三副（三管轮）”。

第四，高中毕业后接受非航海类全日制大专及以上学历教育，经18个月三副（三管轮）岗位适任培训）申请三副（三管轮）适任考试，考试合格者经12个月三副（三管轮）实习（其中至少6个月在高级船员指导下值班），可取得三副（三管轮）适任证书。后续发展和其他途径相同，可将这一路径称为“非航海类教育毕业：无限航区三副（三管轮）”。

沿海航区船员在当前职务任职满12个月后，完成相应的岗位适任培训且经航区扩大考试合格，可直接申请无限航区相应等级及职务的适任证书。

表1-1-1显示船员职务晋升的基本条件和典型途径。

另外，经过基本安全培训且考试合格，到船上担任非值班船员（如非值班水手、厨师、服务员等），这类船员不需要适任证书，但船上厨师或服务员需要另行经过培训并取得相应的证明（书）。在船舶上担任

中国海员职业成长路径表（500 总吨/750 千瓦及以上） 表 1-1-1

晋升路径 \ 毕业类别	初、高中毕业	航海类中专（含 2 年职业教育）	航海类高职高专	非航海类大专及以上	航海类本科	
入门培训	4 个月			18 个月三副、三管轮培训		经认可，教培质量良好的全日制航海类
实习资历	6 个月					
职务	水手、机工					
资历	18 个月（也可培训 2 个月申考高级值班水手/机工）	12 个月海上服务资历（申请沿海免）				
三副/三管轮培训	12 个月					
考试	适任统考	适任统考	适任统考	适任统考	适任统考	适任统考
实习资历	6 个月	12 个月	12 个月	12 个月	12 个月	12 个月
职务	三副、三管轮	三副、三管轮	三副、三管轮	三副、三管轮	三副、三管轮	
晋升为三副/三管培训时间小计	16 个月（高级水手/机工 18 个月）	0 个月	0 个月	18 个月	0 个月	
晋升为三副/三管船上资历（含实习）小计	30 个月	无限 24 个月（沿海 12 个月）	12 个月	12 个月	12 个月	
资历	18 个月	18 个月	18 个月	18 个月	18 个月	
职务	二副、二管轮	二副、二管轮	二副、二管轮	二副、二管轮	二副、二管轮	二副、二管轮
资历	12 个月	12 个月	12 个月	12 个月	12 个月	12 个月
大副/大管轮培训	3 个月	3 个月	3 个月	3 个月	3 个月	3 个月
考试	适任统考	适任统考	适任统考	适任统考	适任统考	适任统考
实习	3 个月	3 个月	3 个月	3 个月	3 个月	3 个月
职务	大副、大管轮	大副、大管轮	大副、大管轮	大副、大管轮	大副、大管轮	大副、大管轮
资历	18 个月	18 个月	18 个月	18 个月	18 个月	18 个月
船长/轮机长培训	3 个月	3 个月	3 个月	3 个月	3 个月	3 个月
考试	全国统考	全国统考	全国统考	全国统考	全国统考	全国统考
实习	3 个月	3 个月	3 个月	3 个月	3 个月	3 个月
职务	船长、轮机长	船长、轮机长	船长、轮机长	船长、轮机长	船长、轮机长	船长、轮机长
培训时间累计	22 个月	6 个月	6 个月	24 个月	6 个月	6 个月
资历（含实习）累计	84 个月	无限 78 个月（沿海 66 个月）	66 个月	66 个月	66 个月	48 个月
合计（包括培训和资历）	106 个月	无限 84 个月（沿海 72 个月）	72 个月	90 个月	72 个月	54 个月
航海类学习、培训及资历时间总计	106 个月	无限 108 个月（沿海 96 个月）	108 个月	专科 126 个月（本科 138 个月）	166 个月	148 个月

电子电气人员和无线电操作人员的培训与海上资历要求与以上值班船员不完全相同,将另行详述。值班船员在特殊类型船舶(液货船、客船等)上工作的,还需要经过专门的培训并取得相应的培训合格证。

第三节 船员岗位职责

在航运实务中,商船上船员按职责分为甲板部、轮机部和事务部,客船还有客运部等。各部门内部都有明确的岗位分工。以下按部门简要介绍航运实务中通行的船员岗位职责安排(各船东对于本企业管理的船舶上船员岗位职责分工可能会有所不同)。

一、船员岗位职责总体安排

船舶上工作实行船长负责制。

船长是船舶的最高领导,负责全船的生产、业务、安全、行政和技术工作,同时也是船舶安全的第一责任人,对人员、船舶、货物安全负责,对船舶防污染、运输生产和管理工作负责。

船舶按部门分为甲板部、轮机部、客运部(客船),部门长分别为大副、轮机长、客运主任(客船)。

甲板部负责人为大副。大副为船长在业务技术、行政管理方面的主要助手,当船长因故离船或不能履行职责时,代理船长履行船长职责。大副领导和协调二副、三副的工作,直接领导水手长、大厨、厨服(油船、集装箱船、货船)等甲板部全体人员的工作。水手长领导木匠、水手的工作。值班水手在值班时受值班驾驶员的领导。大厨领导厨服工作。

轮机部负责人为轮机长。轮机长是全船机、电设备的总负责人,对船长负责。轮机长直接领导大管轮、电机员、机匠长等轮机部全体人员的工作。大管轮为轮机长的主要助手,领导和协调二管轮、三管轮的工作,直接领导机工长的工作。机工长领导机工的工作,值班机工在值班时受值班轮机员领导。

我国船舶上设置的政委主要负责船舶思想政治工作和船舶精神文明建设,协助船长兼管部分行政工作。

二、船长岗位职责

船长是船舶的第一负责人,对船东负责,全面负责船舶安全生产、航行指挥、行政管理、技术业务和涉外工作。船长应严格遵守有关国家法规和规章、国际公约和条例以及地区性规定，严格贯彻执行船东对船员的各项行政管理制度，领导船员严格履行岗位职责，确保船舶的安全生产。船长的总体职责包括：

(1)领导和鼓励船员认真执行船东的安全和环境保护方针，以简明方式发布相应命令和指令；负责安全管理体系在船舶落实，复查船舶执行体系情况并向船东管理部门汇报不足之处，对船舶 SMS 文件的保管负领导责任，保管船长房间的 SMS 文件；督促、检查船东及船舶指令落实情况。

(2)指挥船舶各种应急行动和船舶保安，负责与船东及外界的联系。船长应具有高度的责任感，遵守有关国际公约、规则和国际惯例，具有良好的职业道德，领导全体船员贯彻执行船东的各项命令、指示和规章，安全优质、全面地完成运输生产任务，充分维护国家、船东和船东利益。

(3)船长在船舶安全管理方面负有全面的责任，负责全船的运输管理、业务管理、技术管理、行政管理和涉外工作。

三、政委岗位职责

目前只在国有大中型航运企业的船舶上仍然保留政委之职位。政委作为船舶党支部书记，是船舶领导人之一，受上级党委和行政双重领导，主要负责船舶的党务工作，具体而言，包括党和国家的各项政策在船舶上的贯彻落实、船员的思想政治工作和精神文明建设、船舶上的共青团组织工作。有时，政委也兼管部分行政管理工作，如分管船舶上的伙食、防海盗值班。在外派情况下，政委也兼职水手或其他职位，即对内为政委，对外则为普通船员。某些国有大中型航运企业也将船舶上的安全保卫工作作为政委的岗位职责内容之一，包括船舶防毒品、防海盗、防偷渡、防恐、防爆、防策反等。

四、甲板部船员岗位职责

甲板部主要负责船舶航海、船体保养和船舶营运中的货物积载、装卸设备、航行中的货物照管；主管驾驶设备包括导航仪器、信号设备、航海图书资料和通信设备；负责救生、消防、堵漏器材的管理；主管舱、锚、系缆和装卸设备的一般保养；负责货舱系统和舱外淡水、压载水和污水系统的使用和处理。

1. 大副的职责

大副是甲板部的负责人，主持甲板部的日常工作。船长不在时，可代行船长职责，但事后应立即报告船长。大副的工作职责主要包括：

(1)主持甲板部的日常工作。大副负责编制甲板部的维修保养计划，组织甲板部人员做好维修保养工作；负责督促做好甲板部的备件、物料、工具和劳保用品的请领、验收、保管、使用等工作；负责每日检查淡水舱、压载水舱和污水沟(阱)的测量记录并记入航海日志；负责安排淡水舱、压载水舱的注入、排出或移注工作. 以及管理淡水的补充；负责按规定审阅和签署航海日志，负责保管航海日志和有关图纸、技术资料和业务文件；负责督促三副和水手长做好救生、消防、堵漏设备和各种应变器材的养护工作。

(2)全面负责货物装卸。在保证货物和船舶安全的前提下，充分利用船舶的装载能力，合理配载，不得超载；计算并保持良好的稳性和适宜的吃水差，布置有关人员监督装卸，防止发生货损货差；在装卸危险品、重大件或贵重物品时，大副应指定水手长检查装卸设备和绑扎、加固等情况，并亲临现场监装监卸。

(3)保证甲板部航次工作正常开展。开航前，大副负责检查各种货物单证是否齐全、甲板部船员是否到船，以及淡水储备量、封舱、活动物件绑扎固定等情况，并会同轮机长、电机员试舵，确认良好并记入航海日志。船舶遭受大风浪侵袭前，大副应督促水手长和木匠检查船上易移动物件并予以绑固，并亲自检查舱口的水密性和牢固情况，督促有关人员关闭货舱通风口和外侧水密门窗以及疏通甲板排水孔道。船舶进出港口、靠离移泊和抛起锚时，大副在船首负责瞭望，并按船长要求指挥船员进行缆绳、锚等作业的安全操作。

(4)编制并保证落实甲板部修船计划。修船时，大副负责汇总和编制甲板部的修船计划，制定并落实各项安全措施，组织好监修、验收和自修工作，掌握修理进度和质量，保质保量按期完成修船任务。

(5)航行值班。大副航行值班时间：04:00—08:00；16:00—20:00。

2. 二副的职责

二副在船长、大副的领导下履行各项职责，主要包括：

(1)主管驾驶台设备,包括各种无线电航海仪器、气象仪器、操舵仪、天文钟和船钟、罗经、国旗、号旗、号灯、号型、海图及其他航海图书资料。

(2)保证航次工作正常开展。航行前,二副应按船长指示备妥所需旗号、海图及有关航海资料并改正到使用之日,设计并画好计划航线,报船长审批;航行中,每天填写正午报告;每个航次结束后及时填报航次报告;进出港口、靠离移泊时,二副在船尾按船长的指示指挥船员进行缆绳等的安全操作。

(3)在船长、大副的领导下履行航行和停泊所规定的值班。航行值班时间:00:00—04:00;12:00—16:00。

3. 三副的职责

三副在船长、大副领导下的工作职责包括:主管救生、消防设备;开航前,三副应编妥船舶应变部署表和船员应变卡,并经大副审核,船长和政委批准后公布执行;进出港口、靠离移泊和抛起锚时,三副在驾驶台协助瞭望,传达和执行船长命令,操纵车钟并记录车钟和船舶的主要动态和情况;履行航行和停泊所规定的值班职责,航行值班时间:08:00—12:00;20:00—24:00。

4. 无线电员(报务员)的职责

在船长、政委领导下,无线电员要按时值班,正确使用各种无线电通信设备;做好维修保养工作,完成船长和政委下达的各项通信任务,并做好记录。

5. 水手长的职责

水手长在大副领导下,组织、领导木匠和水手开展工作。水手长负责编制水手航行、停泊及瞭望轮值表;按大副指示安排水手进行船体和甲板部设备的维修保养、起落吊杆、开关舱、绑扎货物、清舱洗舱以及装卸和靠离泊的准备工作等;管理甲板部物料、属具、绑扎器材和劳保用品,做好请领、验收和发放等工作。

6. 木匠的职责

木匠在大副和水手长领导下,负责木工及有关工作。木匠负责请领、保管木工工具和物料;负责定期检查舷窗、水密门、导缆孔滚筒和救生艇吊柱等设备,并适时加油活络;负责每天至少两次测量淡水舱、压载水舱、污水沟(井)并做好记录;负责按大副或值班驾驶员指示联系机舱灌注、移注、排出压载水或排出货舱污水;负责操纵起锚机及其外部的清洁保养。

7. 一级水手的职责

一级水手在值班驾驶员和水手长领导下,履行值班职责或参加维修保养工作。值班时,一级水手应切实执行值班制度的各项规定。开航前做好检查航行灯、备妥所需旗号等准备工作,航行中按要求正确操舵,协助驾驶员瞭望,并负责驾驶台的清洁及有关设备的养护工作。不参加轮值时,在水手长的安排下,履行二级水手的职责。

8. 二级水手的职责

二级水手在水手长的领导下,参加系泊带缆和收放清洁、维修保养舷梯、安全网和引航员梯,起落吊杆和开关舱,清舱洗舱,看舱理货,绑扎货物,拆装检查装卸属具,插编绳结,收放救生艇(筏),消防、救生、堵漏、瞭头,以及大副、水手长安排的其他工作。

五、轮机部船员岗位职责

轮机部主要负责船舶主机、锅炉、辅机及各类机电设备的管理、使用和维护保养;负责全船电力系统的管理和维护工作。

1. 轮机长的职责

轮机长是全船机械、动力、电气(无线电通信和甲板部使用的无线电仪器除外)设备的技术总负责人。负责制定并落实各种机电设备的操作规程、保养检修计划和值班制度;负责组织制定轮机部修船计划、编制修理单和预防检修计划,组织领导修船并验收;负责各种油料、物料、备件的申请、造册保管和合理使用;负责保管机舱设备的证书、图纸资料和技术文件;负责审问和签署轮机日志。在发生紧急事故时,轮机长负责指挥机舱人员进行抢修和抢救工作。

2. 大管轮的职责

大管轮是轮机长的主要助手,在轮机长的领导下负责指导轮机部人员进行机电设备管理、操作和检修工作,教育所属船员严格遵守工作制度、操作规章和劳动纪律,保证轮机部各项规章制度的正确执行。大管轮负责管理主机、轴系及为主机直接服务的辅机、舵机、冷藏机,以及轮机部有关安全的设备(如应急舱底阀、燃油应急开关等);负责轮机部通用物料及本人主管机械设备的备件、润滑油的申领、验收和使用;负责机、炉、泵舱的清洁工作。在开航前试车时,大管轮必须在场。大管轮航行值班时间与大副相同。

3. 二管轮的职责

二管轮在轮机长和大管轮的领导下,负责管理发电原动机及为之服务的机械设备、机舱内部分辅机和轮机长指定的其他设备;负责加装燃油(驳油),并进行燃油的测量、统计和记录工作。二管轮航行值班时间与二副相同。

4. 三管轮的职责

三管轮在轮机长和大管轮的领导下,负责管理甲板机械、泵间、救生艇、应急救火泵、空调机、副锅炉及其附属设备和机舱内部分辅机等,以及轮机长指定的其他辅机和设备。对于不设电机员的船舶,三管轮负责管理全船电气设备。三管轮航行值班时间与三副相同。

5. 机工长的职责

机工长应具有管理、操作和检修能力。在大管轮的领导下,机工长负责组织、安排机工值班以及机、炉、泵舱等处的清洁和日常维修保养工作。

6. 机工的职责

机工在机工长的直接领导和安排下,协助轮机员或独立进行机、电、锅炉设备、管系、阀门等的检修、保养和清洁工作,并按规定时间值班。

六、其他船员岗位职责

1. 管事的职责

管事是事务部的负责人,是船长和政委对外联系的助手。在船长、政委的领导下,负责管理事务部人员的工作;负责船员、旅客的生活服务;负责办理联检、现金出纳和船员工资等工作。

2. 大厨的职责

大厨在管事的领导下,指导和分配厨房工作人员的工作,并协助管事采购、储备和保管粮食、副食品和餐膳用料,保证厨房及食品的清洁卫生。

3. 厨工的职责

厨工是大厨的助手，在大厨的领导下负责炉灶、仓库和膳食等工作。

4. 服务员（大台）的职责

服务员在管事的领导下，负责船员、旅客的服务工作。

此外，有的船舶上还配备有船医。船医在船长、政委的领导下，负责全船的医疗工作，并协同大副监督船舶的清洁卫生工作，保证全体船员、旅客的身体健康。没有配备船医的，船医的工作由大副（外籍船有的是二副）兼任。

第二章　船员入职条件

第一节　船员注册

一、船员注册的条件及材料

从事船员职业,必须在海事管理机构办理注册。海事管理机构对符合船员注册条件的予以登记,并签发船员服务簿。

船员注册由本人办理,也可委托船员服务机构、船员用人单位代为办理。

海船船员注册应当具备下列条件:

(1)年满 18 周岁(在船实习、见习人员年满 16 周岁)但不超过 60 周岁;

(2)符合船员健康要求(具体可参见本章第二节);

(3)经过海船船员基本安全培训,并经海事管理机构考试合格(具体可参见本章第三节、第四节);

(4)申请注册国际航行船舶船员的,还应当通过海事管理机构组织的船员专业外语考试。

办理船员注册,应当提交下列材料:

(1)船员申请注册表;

(2)居民身份证复印件;

(3)船员体格检查表;

(4)近期直边正面 5 厘米免冠白底彩色照片 2 张;

(5)船员基本安全培训合格证明复印件;

(6)注册为国际航线船舶船员的,还应当提交船员专业外语考试合格证明复印件。

在提交以上材料复印件时,还应当同时向海事管理机构出示原件。船员在海船船员管理系统中的信息数据经过信息采集确认的,可免于提交系统中已有数据的相关材料。

海事管理机构应当自受理船员注册之日起10日内做出注册或者不予注册的决定。对符合规定的,应当给予船员注册,并签发船员服务簿。对不符合规定的,应当退回材料并书面说明理由。

海事管理机构应当对船员赋予唯一的注册编号,业经注册的船员不得重复申请船员注册。

船员申请注册的,可以通过中国海事局网站"首页"—"船员业务网上申报"栏目选择某一海事管理机构的"海船船员电子申报及综合信息平台"予以注册。

二、船员信息采集要求

1. 采集的流程

(1)船员填写《船员注册信息表》(见表1-2-1),并提供相关证明材料和证件原件(包含船员证件、身份证、毕业证、护照等原件、户口页原件或复印件)。

船员注册信息表 表1-2-1

<table>
<tr><td>证件类型</td><td>身份证</td><td>证件号码</td><td></td><td rowspan="3">电子照片</td></tr>
<tr><td>姓 名</td><td></td><td>姓名拼音</td><td></td></tr>
<tr><td>性 别</td><td></td><td>护照类型</td><td></td></tr>
<tr><td>护照号码</td><td></td><td>有效期</td><td></td><td rowspan="3">身份证照片</td></tr>
<tr><td>出生日期</td><td>年 月 日</td><td>出生地</td><td></td></tr>
<tr><td>国 籍</td><td></td><td>民 族</td><td></td></tr>
<tr><td>注册机构</td><td colspan="4"></td></tr>
<tr><td>住 址</td><td colspan="4">省 市 区(县)</td></tr>
<tr><td rowspan="3">航海类教育</td><td>毕(结)业院校</td><td></td><td>毕(结)业时间</td><td></td></tr>
<tr><td>专 业</td><td></td><td>学 历</td><td></td></tr>
<tr><td>学 位</td><td></td><td>毕(结)业证书号</td><td></td></tr>
<tr><td rowspan="3">非航海类教育</td><td>毕(结)业院校</td><td></td><td>毕(结)业时间</td><td></td></tr>
<tr><td>专 业</td><td></td><td>学 历</td><td></td></tr>
<tr><td>学 位</td><td></td><td>毕(结)业证书号</td><td></td></tr>
<tr><td>通信地址</td><td colspan="4">省 市 区(县)</td></tr>
<tr><td rowspan="2">联系电话</td><td>座机</td><td></td><td>邮 编*</td><td></td></tr>
<tr><td>手机</td><td></td><td>电子邮箱</td><td></td></tr>
<tr><td>指纹1</td><td>左手无名指(或左拇指)</td><td></td><td>指纹2*</td><td>右手无名指(或右拇指)</td></tr>
</table>

(2)采集人员根据船员提供的证书和证明材料,对船员信息系统原始数据进行核对、修改和补充。

(3)采集指纹,同时由船员对系统显示的注册信息进行确认。

2. 采集标准

为保证信息采集的质量,采集的信息应符合以下标准:

1)信息标准

由海事管理机构提供信息表,相关人员按照表格的内容填写。

2)电子照片标准

船员电子照片按照海员证电子照片的标准,必须是直边正面免冠彩色单人半身证件照。照片采用电子照片形式,可用数码相机拍摄,照片需满足如下要求:

(1)拍摄照片时,应保证背景为纯白色,背景中无其他颜色斑点,人物着单色深色服装,人物与背景间轮廓清晰;

(2)扫描的照片应保证人物清晰,背景和人像均无杂质;

(3)照片文件采用 jpg 格式,照片高宽比固定为 4∶3,照片大小不得小于 354×472 像素,可适当选择像素更大的照片(可用海船船员管理系统专用软件进行处理);

(4)人像头部位于整个照片居中偏上位置,头部宽度约占照片宽度的 2/3,人眼水平线到照片底端高度约占整个照片高度的 3/5;

(5)人像清晰,神态自然,色彩丰富,不存在照片曝光过度、曝光不足等情况;

(6)不得采用视频抓拍的照片、一次性快照、翻拍的照片或彩色打印机打印的照片。

3)指纹标准

指纹标准按照公安部公布的民用指纹图像标准进行采集,采集左右手的食指指纹(食指因故不能采集的,采集拇指指纹)。指纹采集应进行三次,供指纹采集仪进行对比、计算,转换成标准指纹膜。

三、船员服务簿的内容

船员服务簿应当载明船员的姓名、性别、国籍、出生日期、住所、联系人、联系方式以及其他有关事项。海事管理机构应当在船员服务簿中记载船员的安全记录、累计记分情况和违法情况。

四、船员服务簿的使用

船员服务簿是船员的职业身份证件，任何单位或者个人不得冒用、出租、出借、伪造、变造或者买卖。任何单位或者个人以欺骗、贿赂等不正当手段进行注册并取得船员服务簿的，由海事管理机构吊销船员服务簿，并处 2 000 元以上 2 万元以下罚款。任何单位或者个人伪造、变造或者买卖船员服务簿的，由海事管理机构收缴船员服务簿，并对违法个人处 2 万元以上 5 万元以下罚款，对违法单位处 5 万元以上 10 万元以下罚款，有违法所得的还应当没收违法所得。

船员在船工作期间应当携带船员服务簿。船员在船工作期间未携带船员服务簿的，由海事管理机构责令改正，并可处 2 000 元以下罚款。

五、船员服务簿的签注

船员上船任职后和离船解职前，应当主动将船员服务簿提交船长办理船员任职、解职签注。船长应当为本船船员办理船员任职、解职签注，并在船员服务簿中及时、如实记载其服务资历。船长的任职签注由离任船长负责签注，船长的解职签注由接任船长负责签注。另据海事管理机构 2013 年 5 月 27 日发布的《关于〈船员服务簿〉记载事项的公告》，删除船员服务簿中“任职表现”栏。

因船舶新投入运行、报废等特殊情况无离任或者接任船长时，船长的任职、解职，在境内由船舶靠泊地海事管理机构签注；在境外由船长本人签注。

船长未在船员服务簿内及时、如实记载船员服务资历的，由海事管理机构处 2 000 元以上 2 万元以下罚款；情节严重的，并给予暂扣船员适任证书 6 个月以上 2 年以下直至吊销船员适任证书的处罚。

六、船员服务簿的换发或补发

船员服务簿记载页满或者损坏的，应当到管理本人注册档案的海事管理机构办理换发事宜，并提交下列材料：

(1)船员服务簿换发申请；

(2)近期直边正面 5 厘米免冠白底彩色照片 2 张；

(3)记载页满或者损坏的船员服务簿。

船员服务簿遗失的,应当到管理本人注册档案的海事管理机构办理补发事宜,并提交下列材料:

(1)船员服务簿补发申请;

(2)相应证明文件;

(3)近期直边正面5厘米免冠白底彩色照片2张。

七、船员注册的变更和注销

船员服务簿中记载的事项发生变化,或者相貌发生显著变化,船员应当在6个月内向海事管理机构申请办理船员注册变更手续。海事管理机构应当将变更情况在船员服务簿中做相应记载或者换发新船员服务簿。船员服务簿记载的事项发生变更,船员未办理变更手续的,由海事管理机构责令改正,并可以处1 000元以下罚款。

船员有下列情形之一的,海事管理机构应当注销船员注册,并予以公告:

(1)死亡或者被宣告失踪的;

(2)丧失民事行为能力的;

(3)依法被吊销船员服务簿的;

(4)本人申请注销注册的。

船员在劳动合同期间发生以上第(1)项、第(2)项情形的,船员服务机构或者船员用人单位应当向海事管理机构报告,并提交相关证明材料,由海事管理机构核实后依法予以注销。

被依法吊销船员服务簿的,自被吊销之日起5年内不予重新注册。

第二节　船员健康标准

一、船员注册健康要求

身高:海船船员应不低于155cm。

血压:收缩压90~140mmHg,舒张压60~90mmHg。

心率、呼吸频率:心率50~100次/min,呼吸频率14~20次/min。

视力:

(1)远视力:采用 GB 11533 规定的视力表小数记录法。双眼裸视力均能达到0.4 及以上,且矫正视力均能达0.6 及以上。

(2)近视力:采用 GB 11533 规定的视力表小数记录法。双眼裸视力均能达到0.8 及以上;或者双眼裸视力均能达0.4 及以上,且双眼矫正视力均能达 1.0 及以上。

视野:采用白色视标测定,视野正常。

复视:无复视。

暗适应:正常。

色觉:采用俞自萍假同色表测定,无红绿色盲。

听力:以电测听力计测定,双耳裸听力在 0.5kHz、1.0kHz、2.0kHz 频段上均小于等于 30dB,在 3.0kHz、4.0kHz、6.0kHz 频段上均小于等于 40dB。

语言:正常的语言沟通能力。

脊柱、四肢:双下肢不等长不超过 2cm,脊柱侧弯不超过 4cm 且无明显后凸畸形,四肢无残缺。脊柱及四肢肌力正常,共济运动良好。

职业限制和禁忌:

(1)患有《中华人民共和国传染病防治法》规定的传染病者,在传染期内不符合船员注册健康要求。

(2)予以限制或者禁止上船工作的常见病症,参见“船员职业限制和禁忌症”规定。

二、船员任职岗位健康要求

船员任职岗位健康要求按表 1-2-2 的规定执行。

船员任职岗位健康要求 表 1-2-2

健康要求	任职岗位		
	船长和甲板部船员	轮机部船员及无线电操作人员	餐饮服务及其他船员
身高	海船船员男性应不低于 165cm,女性应不低于 160cm	海船船员应不低于 155cm	海船船员应不低于 155cm

续上表

健康要求		任职岗位		
		船长和甲板部船员	轮机部船员及无线电操作人员	餐饮服务及其他船员
血压		收缩压 90 ~ 150mmHg，舒张压60 ~ 95mmHg	收缩压 90 ~ 150mmHg，舒张压 60 ~ 95mmHg	收缩压 90 ~ 140mmHg，舒张压 60 ~ 90mmHg
心率、呼吸频率		心率 50 ~ 100 次/min，呼吸频率 14 ~ 20 次/min	心率 50 ~ 100 次/min，呼吸频率 14 ~ 20 次/min	心率 50 ~ 100 次/min，呼吸频率 14 ~ 20 次/min
视力	远视力	采用 GB 11533 规定的视力表小数记录法。双眼裸视力均能达到0.5及以上，且矫正视力均能达0.8及以上	采用 GB 11533 规定的视力表小数记录法。双眼裸视力均能达到0.4及以上，且矫正视力均能达0.6及以上	采用 GB 11533 规定的视力表小数记录法。双眼裸视力均能达到0.4及以上，且矫正视力均能达0.6及以上
	近视力	采用 GB 11533 规定的视力表小数记录法。双眼裸视力均能达到0.8及以上；或者双眼裸视力均能达0.4及以上，且双眼矫正视力均能达 1.0 及以上	采用 GB 11533 规定的视力表小数记录法。双眼裸视力均能达到0.8及以上；或者双眼裸视力均能达0.4及以上，且双眼矫正视力均能达 1.0 及以上	采用 GB 11533 规定的视力表小数记录法。双眼裸视力均能达到0.8及以上；或者双眼裸视力均能达0.4及以上，且双眼矫正视力均能达 1.0 及以上
视野		采用白色视标测定，视野正常	采用白色视标测定，视野正常	采用白色视标测定，视野正常
复视		无复视	无复视	无复视
暗适应		正常	正常	正常
色觉		采用俞自萍假同色表测定，辨色力正常	采用俞自萍假同色表测定，无红绿色盲	采用俞自萍假同色表测定，无红绿色盲
听力		以电测听力计测定，双耳裸听力在0.5kHz、1.0kHz、2.0kHz 频段上均小于等于25dB；在 3.0kHz、4.0kHz、6.0kHz 频段上均小于等于 30dB	以电测听力计测定，双耳裸听力在0.5kHz、1.0kHz、2.0kHz 频段上均小于等于25dB；在 3.0kHz、4.0kHz、6.0kHz 频段上均小于等于 30dB	以电测听力计测定，双耳裸听力在0.5kHz、1.0kHz、2.0kHz 频段上均小于等于 30dB；在 3.0kHz、4.0kHz、6.0kHz 频段上均小于等于40dB

续上表

健康要求	任职岗位		
	船长和甲板部船员	轮机部船员及无线电操作人员	餐饮服务及其他船员
语言	良好的语言交流能力,无口吃	良好的语言交流能力,无口吃	正常的语言沟通能力
脊柱、四肢	双下肢不等长不超过2cm,脊柱侧弯不超过4cm且无明显后凸畸形,四肢无残缺。脊柱及四肢肌力正常,共济运动良好	双下肢不等长不超过2cm,脊柱侧弯不超过4cm且无明显后凸畸形,四肢无残缺。脊柱及四肢肌力正常,共济运动良好	双下肢不等长不超过2cm,脊柱侧弯不超过4cm且无明显后凸畸形,四肢无残缺。脊柱及四肢肌力正常,共济运动良好
职业限制和禁忌	患有《中华人民共和国传染病防治法》规定的传染病者,在传染期内不应上船工作。餐饮服务船员肠道传染性疾病病原携带者亦属禁忌		

注:予以限制或者禁止上船工作的常见病症,参见“船员职业限制和禁忌症”规定。

三、船员职业限制和禁忌症

1. 心脏、血管系统疾病

(1)严重风湿性瓣膜心脏病、不稳定型心绞痛、心肌梗死、急性心肌炎、心包炎、心肌病等各种引起心功能不全的疾病者,禁止上船工作;无症状冠心病或者症状轻微的心脏疾患,心功能正常者,可允许在沿海、内河航行船舶工作,且健康证明有效期不得超过1年。

(2)病态窦房结综合证、第Ⅱ度Ⅱ型及第Ⅲ度房室传导阻滞、第Ⅰ度及第Ⅱ度Ⅰ型房室传导阻滞伴有昏厥史、完全左束支传导阻滞、双支或三支阻滞、弥漫性心室内传导阻滞者,禁止上船工作;安装人工起搏器且半年内病情稳定者,可允许在港内航行船舶工作,且健康证明有效期不得超过1年。

(3)反复发作性阵发性室上性心动过速、心房扑动、心房颤动,频发室性早搏呈二、三联律,多源性室性早搏,RonT型室性早搏,各种类型室性心动过速,预激综合症伴有室上性心动过速,先天性QT间期延长综合症者,禁止上船工作;虽有房颤但室率正常、心功能正常者,偶发病理性早搏者,可允许在沿海、内河航行船舶工作,且健康证明有效期不得超过1年;能够排除隐患的生理性早搏或者心律失常者,不受限制。

(4)心脏粘液瘤、动脉瘤、血栓性动脉炎、严重的动静脉瘘、严重下肢静脉曲张合并皮肤溃疡者,禁止上船工作;血栓性动脉炎、下肢深静脉血栓经治疗1年以上未复发者,可允许在沿海、内河航行船舶工作,且健康证明有效期不得超过1年;下肢静脉曲张无明显症状者,不受限制。

2. 呼吸系统疾病

支气管哮喘反复发作、支气管扩张反复咯血、反复发作的自发性气胸及各种原因引起的肺功能不全者,禁止上船工作;支气管哮喘发作少于2次/年、支气管扩张近2年内未生感染或者咯血情况者,可允许在沿海、内河航行船舶工作,且健康证明有效期不得超过1年;自发性气胸近2年未复发者,不受限制。

3. 消化系统疾病

(1)消化道溃疡合并出血、穿孔、梗阻,肝硬化失代偿期或肝硬化合并食道静脉曲张,胆囊炎、胆石症并反复发生胆绞痛,急慢性胰腺炎,肠梗阻、肠粘连伴有明显症状者禁止上船工作;早期肝硬化患者、肠粘连无明显症状者可允许在沿海、内河航行船舶工作,且健康证明有效期不得超过1年;消化道溃疡、胆囊炎、胆石症、肠梗阻治愈后2年内未出现任何症状者,不受限制。

(2)肝移植、消化道造瘘及其他消化系统严重疾病者禁止上船工作。

4. 泌尿系统疾病

(1)肾小球肾炎、肾病综合征、肾功能不全者禁止上船工作;肾小球肾炎、肾病综合征治愈后2年内未复发者,可允许在沿海、内河航行船舶工作,且健康证明有效期不得超过1年;肾小球肾炎、肾病综合征治愈5年内未复发者,不受限制。

(2)前列腺肥大合并尿路梗阻者禁止上船工作;前列腺肥大合并尿路梗阻治愈后1年内未复发者,可允许在沿海、内河航行船舶工作,且健康证明有效期不得超过1年;3年内未复发者,不受限制。

(3)尿路结石并反复发生肾绞痛者禁止上船工作;尿路结石治愈半年内未复发者以及肾结石无症状者,可允许在沿海、内河航行船舶工作,且健康证明有效期不得超过1年;尿路结石治愈1年内未复发者,不受限制。

(4)肾移植、膀胱造瘘及其他严重泌尿系统疾病者禁止上船工作;肾移植稳定,5年内未出现排异反应者可允许在沿海、内河航行船舶工作,且健康证明有效期不得超过 1 年。

(5)尿常规轻度异常,经医学检查未能发现隐患者可允许在沿海、内河航行船舶工作;尿常规恢复正常或者 1 年内无变化者,不受限制。

5. 血液系统疾病

(1)各种溶血、出血性疾病,中度以上贫血者禁止上船工作;轻度贫血或者上述血液性疾病治愈后 2 年内未复发者可允许在沿海、内河航行船舶工作,且健康证明有效期不得超过 1 年;3 年内未复发者,不受限制。

(2)血常规轻度异常,经医学检查未能发现隐患者可允许在沿海、内河航行船舶工作;血常规恢复正常或者 1 年内无变化者,不受限制。

6. 内分泌代谢系统疾病

(1)甲状腺机能亢进或减退,且使用药物控制不良者禁止上船工作;治愈后 1 年内未复发或者口服药物控制良好者,可允许在沿海、内河航行船舶工作,且健康证明有效期不得超过 1 年;2 年内未复发者,不受限制。

(2)糖尿病血糖控制不良,或有严重并发症者禁止上船工作;糖尿病需要使用胰岛素控制者仅限于在港内航行船舶工作,且船舶上需配备冷藏冰箱,健康证明有效期不得超过半年;糖尿病可通过口服药物控制者,可允许在沿海、内河航行船舶工作,且健康证明有效期不得超过 1 年;糖尿病可通过饮食、运动控制者,不受限制。

(3)其他严重内分泌疾病,影响正常工作者禁止上船工作。

7. 神经系统疾病

癫痫,病理性晕厥或原因不明的意识障碍,短暂脑缺血发作,偏头痛、丛集性头痛、三叉神经痛,及各种引起智力或肢体活动功能障碍的神经系统疾病者禁止上船工作;经治疗 2 年内未复发者可允许在沿海、内河航行船舶工作,但不能履行值班职责,且健康证明有效期不得超过 1 年。

8. 精神系统疾病

(1)夜游症、严重的神经官能症、抑郁症、焦虑症以及其他各种类型精神病者,禁止上船工作;经治疗 2 年内未复发者可允许在沿海、内河航行船舶工作,但不能担任船长职务和履行值班职责,且健康证明有效期不得超过 1 年。

(2)药物性依赖或持续性滥用药物者禁止上船工作;经治疗停药后,1 年内症状无复发者可允许在沿海、内河航行船舶工作,但不能担任船长职务和履行值班职责,且健康证明有效期不得超过 1 年;有确切证据表明停止滥用药物 3 年内无症状复发者,不受限制。

(3)酗酒者禁止上船工作;经治疗后,1 年内无戒酒症状发作者可允许在沿海、内河航行船舶工作,但不能担任船长职务和履行值班职责,且健康证明有效期不得超过 1 年;有确切证据表明戒酒后 3 年内无戒酒症状发作者,不受限制。

9. 恶性肿瘤

恶性肿瘤未治愈者禁止上船工作;恶性肿瘤治愈后 2 年内各种检查未发现复发征象者,可允许在沿海、内河航行船舶工作,且健康证明有效期不得超过 1 年;5 年内各种检查未发现复发征象者,不受限制。

10. 运动系统疾病

(1)各类严重骨关节炎伴有严重功能障碍者,禁止上船工作;口服药物能控制症状者,可允许在沿海、内河航行船舶工作,且健康证明有效期不得超过 1 年;经治疗症状轻微,在无药物控制状态下能从事日常工作者,不受限制。

(2)严重骨质疏松症者禁止上船工作。

(3)椎管狭窄伴有严重症状者禁止上船工作;症状轻微,且通过口服药物能够控制症状者,可允许在沿海、内河航行船舶工作,且健康证明有效期不得超过 1 年。

(4)引起肌力下降小于等于四级的各种疾病者禁止上船工作。

(5)习惯性关节脱位者禁止上船工作。

(6)脊椎手术后脊柱不稳定者禁止上船工作。骨折愈合后虽有内固定,但无症状和功能限制者不受限制。

(7)引起肢体平衡、协调障碍的各种疾病者禁止上船工作。

11. 耳、鼻、喉疾病

(1)外耳道闭锁、慢性非良性化脓性中耳炎及其他难以治愈的耳病,影响听力者禁止上船工作;慢性中耳炎,口服药能够控制,且听力正常者,可允许在沿海、内河航行船舶工作,且健康证明有效期不得超过 1 年。

(2)患有严重的鼻息肉、鼻腔良性肿瘤、鼻畸形等者禁止上船工作。

(3)患有难以治愈影响吞咽、发声功能的咽喉部疾病者禁止上船工作。

(4)严重影响咀嚼功能和语言功能的口腔疾病者禁止上船工作。

12. 眼科疾病

(1)瞳孔变形、角膜、巩膜、虹膜睫状体疾病、眼内肌运动障碍严重影响视觉功能者,禁止上船工作。

(2)青光眼、白内障和脉络膜、视网膜、视神经性疾病严重影响视觉功能者禁止上船工作;经治疗视觉恢复到本标准水平,且船上工作不会导致病情恶化者可允许在沿海、内河航行船舶工作,但不能履行瞭望职责,且健康证明有效期不得超过 1 年;白内障治愈者不受限制。

13. 其他

(1)妊娠 7 个月以上或异常妊娠者禁止上船工作;正常妊娠 7 个月以内者,可允许在沿海、内河航行船舶工作。

(2)卵巢输卵管良性肿瘤者可允许在沿海、内河航行船舶工作,且健康证明有效期不得超过 1 年。

(3)严重的语言障碍者禁止上船工作。

(4)严重的胸廓畸形者禁止上船工作。

(5)疝气有嵌顿危险者禁止上船工作。

(6)硬皮病、严重银屑病、红皮病、脓疱疮者禁止上船工作。

(7)系统性红斑狼疮,以及其他结缔组织疾病控制不良者禁止上船工作。

(8)所有未在本附录提及的病症在没有确诊之前或者进行充分有效治疗之前,暂时不适宜上船工作;若此类病症已引起不可恢复的损伤,且达不到本标准要求的,应禁止上船工作;若此类病症在恶劣环境下,极易导致进一步损害,应禁止上船工作或者限制在沿海、内河或港内航行船舶工作,且健康证明有效期不得超过 1 年。

四、签发海船船员健康证书的条件

体检机构的主检医师签发健康证书的条件为:

(1)申请人年满 16 周岁;

(2)持有有效的身份证件;

(3)符合船员健康检查要求的标准;

(4)符合海事管理机构要求的照片。

五、主检医师声明

主检医师应当在其签发的体检证书中特别声明:

(1)有关船员的听力和视力以及那些受雇职务所从事的工作将会受到不良色觉视力影响的人员的色觉视力全部符合要求。

(2)该船员未患有任何由于在海上工作而可能会加重,或使其变得不适合从事此种工作,或威胁船上其他人员健康的疾患。

六、海船船员健康证书的有效期

我国海船船员健康证书的有效期不超过 2 年;申请健康证书的船员年龄小于 18 周岁,则健康证书有效期不超过 1 年;有效期截止日期不超过持证人 65 周岁生日。

健康证书有效期满的,船员应重新申请健康证书,但以下两种情况可以例外:(1)健康证书在航行中有效期期满的,在到达下一个有缔约国认可的从业医生的停靠港之前,该健康证书仍然有效,但为期不得超过 3 个月;(2)在紧急情况下,海事管理机构可允许持有近日过期的健康证书的船员工作至下一个具有缔约国认可从业医生的港口,但许可的期限不得超过 3 个月。

七、海船船员健康证书损坏或遗失后的补发

健康证书损坏或遗失时,持证人除应向原签发健康证书的体检机构提出补发申请外,还应当满足下列要求:

(1)健康证书损坏的,应缴回被损坏的证书原件;

(2)健康证书遗失的,应提交遗失说明;

(3)申请在水上交通事故中灭失的健康证书补发的,应向体检机构提交事故证明。

补发的健康证书的有效期截止日期与原健康证书的有效期截止日期相同。

八、海船船员健康证书信息的变更

船员申请健康证书信息变更的,应按下列情况提交相应的证明材料:

(1)申请健康证书所载船员身份信息纠错的,应先向海事管理机构提交身份证签发机关出具的相关变更身份信息的证明,再向原签发健康证书的体检机构申请健康证书信息变更;

(2)申请健康证书所载的除船员身份信息外的其他信息纠错的,

应向原签发健康证书的体检机构提交相关证明材料申请变更。

九、船员重新体检

船员存在下列情形之一的,应重新申请健康体检。主检医师根据体检情况做出体检结论。

(1)丧失工作能力超过 30 天的;

(2)因医疗原因离船的;

(3)健康状况发生变化影响其履行岗位职责的其他情况。

十、海船船员健康证书的注销

船员存在下列情形之一的,健康证书签发机构应当注销其健康证书,并上报备案的直属海事管理机构。

(1)船员申请注销的;

(2)以欺骗、贿赂等不正当手段取得健康证书的;

(3)隐瞒相关职业禁忌病史的;

(4)船员健康状况等发生变化,不再符合健康证书签发条件的;

(5)签发健康证书的体检机构认为必要的其他情况。

第三节　船 员 培 训

一、船员培训的分类及其项目

船员培训按照培训内容分为合格证培训和岗位适任培训。

1. 合格证培训

合格证培训包括船员基本安全培训、船员专业技能培训、特殊培训。

船员基本安全培训,指船员在上船任职前接受的个人求生技能、防火与灭火、基本急救以及个人安全和社会责任等四个方面的培训。

船员专业技能培训包含以下培训项目:

(1)精通救生艇筏和救助艇;

(2)精通快速救助艇;

(3)高级消防;

(4)精通急救；

(5)船上医护；

(6)保安意识；

(7)负有指定保安职责船员；

(8)船舶保安员。

特殊培训,指针对在危险品船、客船、大型船舶等特殊船舶上工作的船员所进行的培训,包含以下培训项目：

(1)油船和化学品船货物操作基本培训；

(2)油船货物操作高级培训；

(3)化学品船货物操作高级培训；

(4)液化气船货物操作基本培训；

(5)液化气船货物操作高级培训；

(6)客船船员特殊培训；

(7)大型船舶操纵特殊培训；

(8)高速船船员特殊培训；

(9)船舶装载散装固体危险和有害物质作业特殊培训；

(10)船舶装载包装危险和有害物质作业特殊培训。

2. 岗位适任培训

船员岗位适任培训包含以下培训项目：

(1)船长；

(2)轮机长；

(3)大副；

(4)大管轮；

(5)二、三副；

(6)二、三管轮；

(7)电子电气员；

(8)高级值班水手；

(9)高级值班机工；

(10)值班水手；

(11)值班机工；

(12)电子技工；

(13)全球海上遇险和安全系统(GMDSS)操作员。

二、船员培训机构

船员培训实行许可制度,船员培训机构应当按照规定,针对不同的船员培训项目,申请并取得特定的船员培训许可,方可开展相应的船员培训业务。任何国家机关以及船员培训和考试的主管部门均不得举办或者参与举办船员培训。

具有开展全日制航海中专、专科及以上学历教育资格的院校,经中华人民共和国海事局同意后,招收的全日制航海专业学生,完成学校规定的教程并取得毕业证书,等同完成《船员培训管理规则》规定的三(二)副、三(二)管轮、电子电气员岗位适任培训。此类院校名单由海事管理机构定期公布。

船员培训机构应当按照《船员培训许可证》载明的培训项目、地点和海事管理机构确定的培训规模开展船员培训。船员培训机构应当将《船员培训许可证》悬挂在经营场所的醒目位置,公示其培训项目、收费项目、收费标准以及师资等情况。培训机构不得采取欺骗学员等不正当竞争手段开展培训经营活动。

船员培训机构在招生时应当向学员告知海事管理机构规定的有关培训项目中对船员年龄、持证情况、船员任职资历、岗位任职健康标准等方面的要求。

船员应当在取得《船员培训许可证》的培训机构完成相应项目的船员培训。具体而言,可通过交通运输部网站或中国海事局网站查询海事管理机构认可的培训机构。

违反《船员培训管理规则》的规定,未取得《船员培训许可证》擅自从事船员培训的,处5万元以上25万元以下罚款;有违法所得的,还应当没收违法所得。这里,未取得《船员培训许可证》擅自从事船员培训包括下列情形:

(1)无《船员培训许可证》擅自从事船员培训的;

(2)以欺骗、贿赂等非法手段取得《船员培训许可证》的;

(3)未按照《船员培训许可证》载明的事项从事船员培训的。

三、船员培训证明

培训机构应当为在本机构参加培训的学员建立培训档案,并在培训结束后出具相应的《船员培训证明》。但是对培训出勤率低于规定培训课时 90% 的学员，培训机构不得出具培训证明。船员培训证明的有效期为 5 年。

四、船员知识更新培训

申请船员适任证书或培训合格再有效的，应经过相应的知识更新培训。

第四节 培训合格证的取得

一、船员培训合格证书项目

在中国籍海船上任职的船员，应当持有符合《船员条例》和我国缔结或加入的有关国际公约所要求的有效培训合格证书。这里，培训合格证书指向船员签发的、除按《船员条例》规定的适任证书以外的、表明符合 STCW 公约有关培训、适任或海上服务资历相关要求的证书。

任何人有意加入船员队伍，应到有资质的培训机构参加相应项目的培训和通过考试，并向海事管理机构申请办理相应的培训合格证书。

现行培训合格证书共有 19 项，表 1-2-3 列出了海船船员培训合格证书的具体项目、代码及有效期。

海船船员培训合格证书项目、代码及有效期对照表 表 1-2-3

序号	海船船员培训合格证书项目	代码	有效期
1	基本安全培训合格证	Z01	5 年
2	精通救生艇筏和救助艇培训合格证	Z02	5 年
3	精通快速救助艇培训合格证	Z03	5 年
4	高级消防培训合格证	Z04	5 年
5	精通急救培训合格证	Z05	长期
6	船上医护培训合格证	Z06	长期
7	保安意识培训合格证	Z07	长期
8	负有指定保安职责船员培训合格证	Z08	长期
9	船舶保安员培训合格证	Z09	长期
10	油船和化学品船货物操作基本培训合格证	T01	长期
11	油船货物操作高级培训合格证	T02	5 年

续上表

序号	海船船员培训合格证书项目	代码	有效期
12	化学品船货物操作高级培训合格证	T03	5年
13	液化气船货物操作基本培训合格证	T04	长期
14	液化气船货物操作高级培训合格证	T05	5年
15	客船船员特殊培训合格证	T06	5年
16	大型船舶操纵特殊培训合格证	T07	长期
17	高速船船员特殊培训合格证	T08	5年
18	船舶装载散装固体危险和有害物质作业船员特殊培训合格证	T09	长期
19	船舶装载包装危险和有害物质作业船员特殊培训合格证	T10	长期

注:上述海船船员培训合格证书有效期截止日期均不超过持证人65周岁生日。

二、船员培训合格证考试

申请参加培训合格证考试者,应当完成规定项目的培训并取得培训证明,由其所在的船员培训机构向海事管理机构申请相应培训项目的考试。培训合格证考试包括理论考试与实际操作评估,培训合格证考试科目和大纲由海事管理机构制定并公布。

培训合格证理论考试满分为100分,除船舶保安员合格证(T09)80分及以上为及格外,其他合格证60分及以上为及格。评估成绩分为及格和不及格两种。

培训合格证理论考试和评估均及格,方为通过培训合格证考试。培训合格证考试有科目或项目不及格者,可以自初次考试之日起6个月内申请1次补考。逾期不能通过全部考试的,已有考试成绩失效并应重新参加培训。

海事管理机构应当在考试结束后30日内公布成绩。考试成绩自通过培训合格证考试之日起5年内有效。

三、申请船员培训合格证书的条件

初次申请培训合格证书者应当首先符合以下基本条件:

(1)年满16周岁;

(2)完成规定的培训;

(3)具有规定的海上服务资历和合格的任职表现;

(4)符合海船船员健康检查要求;

(5)通过相应考试,并完成规定的船上见习。

各培训合格证书须满足表 1-2-4 所列的申领条件。

海船船员培训合格证书的申领条件 表 1-2-4

序号	海船船员培训合格证书项目	代码	申领条件
1	基本安全培训合格证	Z01	• 年满 16 周岁; • 完成基本安全培训(Z01)并通过考试
2	精通救生艇筏和救助艇培训合格证	Z02	• 年满 18 周岁; • 培训前完成基本安全培训(Z01); • 具有不少于 6 个月的海上服务资历
3	精通快速救助艇培训合格证	Z03	• 年满 18 周岁; • 培训前完成基本安全培训(Z01); • 持有精通救生艇筏和救助艇培训合格证(Z02)
4	高级消防培训合格证	Z04	• 培训前完成基本安全培训(Z01)
5	精通急救培训合格证	Z05	• 培训前完成基本安全培训(Z01)
6	船上医护培训合格证	Z06	• 培训前完成基本安全培训(Z01); • 持有精通急救培训合格证(Z05)
7	保安意识培训合格证	Z07	• 培训前完成基本安全培训(Z01)
8	负有指定保安职责船员培训合格证	Z08	• 培训前完成基本安全培训(Z01)
9	船舶保安员培训合格证	Z09	• 年满 18 周岁; • 培训前完成基本安全培训(Z01); • 参加培训前应当具有不少于 12 个月的海上服务资历
10	油船和化学品船货物操作基本培训合格证	T01	• 培训前完成基本安全培训(Z01)
11	油船货物操作高级培训合格证	T02	• 培训前完成基本安全培训(Z01); • 完成油船和化学品船货物操作基本培训(T01); • 具有不少于 3 个月认可的油船海上服务资历,或完成不少于 1 个月的油船船上见习及不少于 3 次装货操作、3 次卸货操作

续上表

序号	海船船员培训合格证书项目	代码	申 领 条 件
12	化学品船货物操作高级培训合格证	T03	• 培训前完成基本安全培训(Z01); • 完成油船和化学品船货物操作基本培训(T01); • 具有不少于3个月认可的化学品船海上服务资历,或完成不少于1个月的化学品船船上见习及不少于3次装货操作、3次卸货操作
13	液化气船货物操作基本培训合格证	T04	• 培训前完成基本安全培训(Z01)
14	液化气船货物操作高级培训合格证	T05	• 培训前完成基本安全培训(Z01); • 完成液化气船货物操作基本培训(T04); • 具有不少于3个月认可的液化气船海上服务资历,或完成不少于1个月的液化气船船上见习及不少于3次装货操作、3次卸货操作
15	客船船员特殊培训合格证	T06	• 培训前完成基本安全培训(Z01)
16	大型船舶操纵特殊培训合格证	T07	• 培训前完成基本安全培训(Z01); • 参加培训前应当具有担任船长、驾驶员职务不少于12个月的海上服务资
17	高速船船员特殊培训合格证	T08	• 培训前完成基本安全培训(Z01); • 初次申请者,不超过45周岁; • 参加培训前应当具有担任船长、驾驶员、轮机长、轮机员职务不少于12个月,或者高速船船上不少于12个月的海上服务资历; • 完成高速船船长、驾驶员、轮机长、轮机员相应职务的不少于1个月或50个单航次的船上见习
18	船舶装载散装固体危险和有害物质作业船员特殊培训合格证	T09	• 培训前完成基本安全培训(Z01)
19	船舶装载包装危险和有害物质作业船员特殊培训合格证	T10	• 培训前完成基本安全培训(Z01)

四、初次申请船员培训合格证提交的材料

初次申请培训合格证书的，应当提交以下材料：

(1)海船船员培训合格证书申请表(表1-2-5)；

(2)有效身份证件；

(3)培训证明；

(4)符合海事管理机构要求的照片。

申请基本安全培训合格证(Z01)者，应当提交海船船员健康证书或船员体格检查表。

申请精通快速救助艇培训合格证(Z03)时，应当提交精通救生艇筏和救助艇培训合格证(Z02)。申请船上医护培训合格证(Z06)时，应当提交精通急救培训合格证(Z05)。

按照《海船船员培训合格证书签发管理办法》第三章规定，应当具有海上服务资历或完成船上见习者，还要提交《船员服务簿》及需要的相关船上证明。

船员在海船船员管理系统中的信息数据经过信息采集确认的，可免于提交系统中已有数据的相关材料。

海事管理机构应当自受理申请之日起15个工作日内做出批准或不予批准的决定。予以批准的，自做出批准决定之日起10个工作日内发给相应的培训合格证书；不予批准的，书面通知申请人并说明理由。

五、船员培训合格证书的内容

船员培训合格证书的基本内容包括：

(1)培训合格证书编号；

(2)持证人的姓名、性别、出生日期、国籍、持证人签名及照片；

(3)有关国际公约的适用条款；

(4)培训合格证对应的项目名称；

(5)发证日期、有效期起始日期和截止日期；

(6)签发机关名称和签发官员署名；

(7)其他需要规定的内容。

六、保持船员培训合格证持续有效

可以通过申请培训合格证书再有效而保持其持续有效，但应当在

表 1-2-5

海船船员培训合格证书申请表

申请时间：　　年　月　日

姓名		汉语拼音		性别		国籍	贴照片处
身份证明号码					出生日期	年　月　日	
现持培训合格证书	证书号码： 签发机关：　　签发日期：			健康证书（检查表）	编号： 签发日期：		
申请形式	初次申请□	再有效换证□	损坏换发□	遗失补办□	事故补发□	信息变更□	
证书项目	申请项目	已持证项目	新增项目	通过考试	满足资历	通过更新	备注
Z01							
Z02							
Z03							
Z04							
Z05							
Z06							
Z07							
Z08							
Z09							
T01							
T02							
T03							
T04							
T05							

续上表

<table>
<tr><td>证书项目</td><td>申请项目</td><td>已持证项目</td><td>新增项目</td><td>通过考试</td><td>满足资历</td><td>通过更新</td><td>备注</td></tr>
<tr><td>T06</td><td></td><td></td><td></td><td></td><td></td><td></td><td></td></tr>
<tr><td>T07</td><td></td><td></td><td></td><td></td><td></td><td></td><td></td></tr>
<tr><td>T08</td><td></td><td></td><td></td><td></td><td></td><td></td><td></td></tr>
<tr><td>T09</td><td></td><td></td><td></td><td></td><td></td><td></td><td></td></tr>
<tr><td>T10</td><td></td><td></td><td></td><td></td><td></td><td></td><td></td></tr>
<tr><td rowspan="5">海上服务
资历</td><td>职　务</td><td>船　名</td><td>船舶种类</td><td>航区</td><td>总吨或主机功率</td><td>上船任职日期</td><td>解职离船日期</td></tr>
<tr><td></td><td></td><td></td><td></td><td></td><td></td><td></td></tr>
<tr><td></td><td></td><td></td><td></td><td></td><td></td><td></td></tr>
<tr><td></td><td></td><td></td><td></td><td></td><td></td><td></td></tr>
<tr><td></td><td></td><td></td><td></td><td></td><td></td><td></td></tr>
<tr><td colspan="8">附送材料：</td></tr>
<tr><td colspan="4">□有效身份证件及其复印件</td><td colspan="4">□《船员服务簿》及其复印件</td></tr>
<tr><td colspan="4">□培训证明</td><td colspan="4">□其他有关材料及其复印件</td></tr>
<tr><td colspan="4">□符合海事管理机构要求的照片</td><td colspan="4">□委托证明及委托人和被委托人证明及复印件</td></tr>
<tr><td colspan="4">□《海船船员培训合格证书》及其复印件</td><td colspan="4"></td></tr>
<tr><td colspan="8">已知晓申请培训合格证书的要求，上述填写内容属实，提供的材料真实有效，在上述船舶任职期间无任何海损、机损责任事故，若申请材料内容存在虚假，后果自负。
申请人（个人）：______（签名）　单位经办人：______（盖章）
______年______月______日</td></tr>
<tr><td>联系人</td><td colspan="3"></td><td>联系电话</td><td colspan="3"></td></tr>
</table>

培训合格证有效期截止日期前向海事管理机构提出申请,合格证具体包括:基本安全培训合格证(Z01)、精通救生艇筏和救助艇培训合格证(Z02)、精通快速救助艇培训合格证(Z03)、高级消防培训合格证(Z04)、油船货物操作高级培训合格证(T02)、化学品船货物操作高级培训合格证(T03)、液化气船货物操作高级培训合格证(T05)、客船船员特殊培训合格证(T06)以及高速船船员特殊培训合格证(T08)。

申请培训合格证书再有效者,应当满足以下条件:

(1)申请基本安全培训合格证(Z01)、精通救生艇筏和救助艇培训合格证(Z02)、精通快速救助艇培训合格证(Z03)、高级消防培训合格证(Z04)再有效者,应当完成规定的知识更新并通过考核。

(2)申请油船货物操作高级培训合格证(T02)、化学品船货物操作高级培训合格证(T03)、液化气船货物操作高级培训合格证(T05)再有效者,应当在证书有效期截止日期前5年内具有不少于3个月相应种类船舶上任职的海上服务资历和合格的任职表现,完成规定的知识更新并通过考核。不满足以上要求的须重新参加培训并通过考试。

(3)申请客船船员特殊培训合格证(T06)再有效者,应当在证书有效期截止日期前5年内具有不少于24个月客船上任职的海上服务资历和合格的任职表现,或完成规定的知识更新并通过考核。

(4)申请高速船船员特殊培训合格证(T08)再有效者,应当在证书有效期截止日期前5年内具有不少于12个月高速船上任职的海上服务资历和合格的任职表现,或完成规定的知识更新并通过考核。

上述培训合格证书失效者,在申请培训合格证前5年内,应具有不少于18个月相应种类船舶上任职的海上服务资历和合格的任职表现,完成规定的知识更新并通过考核。不满足以上要求的,应当重新参加培训并通过考试。

申请培训合格证书再有效者,应当向具有相应管理权限的海事管理机构提交海船船员培训合格证书申请表、有效身份证件、符合海事管理机构要求的照片;申请要求中需具有海上服务资历者,还应当提交《船员服务簿》;申请要求中需完成规定的知识更新并通过考核者,还应当提交相应证明材料。

七、船员培训合格证的补发申请

培训合格证书损坏、遗失或船员个人基本信息变更时,持证人申请补发的，除应当向原证书签发海事管理机构提交海船船员培训合格证书申请表（具体参见表 1-2-5）、有效身份证件、符合海事管理机构要求的照片外，还应当满足以下要求：

（1）培训合格证书损坏的，应当缴回被损坏的证书原件；

（2）培训合格证书在水上交通事故中灭失的，应当向海事管理机构提交事故证明；

（3）培训合格证书所载船员个人信息变更的，应当向海事管理机构提交身份证签发机关出具的相关证明。

补发的培训合格证书的有效期起始日期、截止日期与原培训合格证书的有效期起始日期、截止日期相同。

八、船员培训合格证的查询

以上船员业务相关信息查询，包括培训机构、考试安排、考试成绩等，可以通过交通运输部网站或中国海事局网站查询。

第五节　适任证书的取得

一、船员适任考试

海船船员的适任考试包括理论考试和实际操作评估。理论考试以理论知识为主要考试内容，重点对海船船员专业知识的掌握和理解程度进行测试；评估通过对相应船舶、模拟器或者其他设备的操作，国际通用语言听力测验与口试等方式，重点对海船船员专业知识综合运用、操作及应急等能力进行技能测评。

适任考试科目、大纲由中华人民共和国海事局统一制定并公布。相关海事管理机构应当在职责范围内制定并公布适任考试具体计划，明确适任考试的时间、地点、申请程序等相关信息。

申请参加适任考试的，应当按照公布的申请程序向有相应权限的海事管理机构提供下列信息：

（1）身份证件；

（2）所申请考试的适任证书航区、等级、职务；

（3）符合海事管理机构要求的照片。

海事管理机构应当于适任考试开始 5 日前向申请人发放准考证，

并告知申请人查询适任考试成绩的途径等事项。

适任考试有科目或者项目不及格的,可以在初次适任考试准考证签发之日起3年内申请5次补考。逾期不能通过全部适任考试的,所有适任考试成绩失效。

海事管理机构应当在考试结束后30日内公布成绩。适任考试成绩自全部理论考试和评估成绩均合格之日起5年内有效。

二、船员适任证书的申请

1. 海船船员取得适任证书应具备的条件

(1)有效的船员服务簿;

(2)符合中华人民共和国海事局规定的海船船员任职岗位健康标准;

(3)完成规定的适任培训;

(4)具备规定的海上任职资历,并且任职表现和安全记录良好;

(5)通过相应的适任考试。

2. 申请海船船员适任证书提交的材料

申请船员适任证书的,应当提交下列材料:

(1)船员适任证书申请表;

(2)船员服务簿;

(3)海船船员健康证书;

(4)身份证件;

(5)符合海事管理机构要求的照片;

(6)岗位适任培训证明或者航海教育毕业证书;

(7)船上见习记录簿;

(8)现持有的适任证书;

(9)专业技能适任培训合格证;

(10)适任考试的合格证明。

持有三副、三管轮适任证书申请二副、二管轮适任证书者,免于向海事管理机构提交以上第(6)、(7)、(9)、(10)项材料。

按照《海船船员适任考试和发证规则》规定,申请适任证书的航区扩大、吨位或者功率提高的,可以免予船上见习。免于船上见习者,免于向海事管理机构提交以上第(7)项材料。

初次申请海船船员适任证书者，免于向海事管理机构提交以上第(8)项材料。

拟在油船、化学品船、液化气船、客船、高速船等特殊类型船舶上任职者，还应当提供相应的特殊培训合格证。

船员在海船船员管理系统中的信息数据经过信息采集确认的，可免于提交系统中已有数据的相关材料。

申请适任证书再有效的，还应当提交经过相应知识更新的材料(有关知识更新之要求，详见本章第三节)；但按照《海船船员适任考试和发证规则》第15条规定，持有船长和高级船员适任证书者在证书有效期内，满足相应条件，在适任证书有效期届满前12个月内向海事管理机构申请适任证书再有效的，免于提交以上(6)、(7)、(9)、(10)项规定的材料；按照《海船船员适任考试和发证规则》第16条规定申请适任证书再有效的，免于提交以上(6)、(9)项规定的材料。

3. 被吊销适任证书者申请适任证书的处理

因违反海事行政管理规定被吊销适任证书者，自证书被吊销之日起2年后，通过低一职务的适任考试，可以按照《海船船员适任考试和发证规则》第12条的规定提交以上各项材料，向原签发适任证书的海事管理机构申请低一职务的适任证书。海事管理机构对通过适任考试，且安全记录良好的，应当签发其相应的适任证书。

4. 违反申领适任证书规定的处罚

隐瞒有关情况或者提供虚假材料申请适任证书的，海事管理机构不予受理或者不予签发适任证书，并给予警告；申请人在1年内不得再次申请与前次申请等级、职务资格、航区相同的适任证书。

以欺骗、贿赂等不正当手段取得适任证书的，由签发证书的海事管理机构或者其上级海事管理机构吊销有关证书，并处2 000元以上2万元以下的罚款。

伪造、变造或者买卖适任证书的，由海事管理机构收缴有关证书，处2万元以上10万元以下罚款。有违法所得的，还应当没收违法所得。

船员未在培训、见习记录簿内做出如实填写或者记载的，由海事管理机构处1 000元以上1万元以下罚款；情节严重的，并给予暂扣船员服务簿、船员适任证书6个月以上2年以下直至吊销船员服务簿、船员适任证书的处罚。

船长未在船员服务簿内如实记载船员的服务资历和任职表现，由海事管理机构处 2 000 元以上 2 万元以下罚款；情节严重的，并给予暂扣适任证书 6 个月以上 2 年以下直至吊销适任证书的处罚。

因违反《海船船员适任考试和发证规则》或者其他水上交通安全法规的规定，被海事管理机构吊销适任证书的，自被吊销之日起 2 年内，不得申请适任证书。

三、船员适任证书的内容

船员适任证书包含以下基本内容：

(1)持证人姓名、性别、出生日期、国籍、持证人签名及照片；

(2)证书等级、编号；

(3)有关国际公约的适用条款；

(4)持证人适任的航区、职务、职能；

(5)持证人适任的船舶种类、主推进动力装置、特殊设备操作等项目；

(6)发证日期和有效期截止日期；

(7)签发机关名称和签发官员署名；

(8)规定需要载明的其他内容。

四、船员适任证书的有效期

海船船员适任证书有效期不超过 5 年，有效期截止日期不超过持证人 65 周岁生日。

五、船员适任证书的补发申请

海船船员适任证书损坏或者遗失时，持证人除向原证书签发的海事管理机构提交补发申请、海船船员适任证书申请表、身份证件、符合海事管理机构要求的照片外，还应当满足下列要求：

(1)适任证书损坏的，应当缴回被损坏的证书原件。

(2)自 2014 年 3 月 1 日起，已通过海船船员管理系统信息采集和证书核对的船员，申请“11 规则”船员证书遗失补发，通过系统校核的，可替代“11 规则”规定的遗失公告或公证书；申请办理船员适任证书、培训合格证时，海船船员管理系统中已具有的信息均可免于提交纸质材料。

补发的适任证书的有效期截止日期与原适任证书的有效期截止日期相同。

六、船员适任证书的查询

以上船员业务相关信息查询，包括培训机构、考试安排、考试成绩等，可以通过交通运输部网站或中国海事局网站查询。

第六节　海员证的取得

一、海员证的属性和适用范围

根据《出境入境管理法》第9条第3款、《海员证管理办法》第4条、《船员出境证件管理规定》第2条、第3条、第4条、第5条之规定，中国公民以海员身份出境、入境和在派往外国籍船舶上工作，均应依法持有海员证。

海员证是海员的有效身份证件，是海员的专用护照。它表明持证人具有中华人民共和国国籍，其职业为船员。

二、海员证的签发机关

海员证由海事管理机构授权的签发机关签发。海事管理机构的海员证管理分工和管辖范围由主管机关根据工作需要确定和调整。

三、海员证的申办主体

根据《中华人民共和国海事局关于个人申办海员证有关事项的通知》（海船员〔2014〕680号），自2015年3月1日起，取消海员证单位申办限制，海员证的申办主体为国际航线海船船员、港澳台航线船员以及国际河流段航线船员（以下简称“船员”）。船员本人可以向经授权的签发机关申请办理海员证，也可委托海员外派机构、甲类海船船员服务机构、经营和管理国际航线（包括特殊航线）中国籍船舶的航运公司和国际船舶管理公司代为办理。

船员本人申办海员证的，可在任一经授权的签发机关申请办理；由委托机构代办海员证的，受委托机构应在海事管理机构指定的授权的签发机关申请办理。

四、海员证的申办条件

(1)年满18周岁并享有中华人民共和国国籍的公民;
(2)已依法取得中华人民共和国船员服务簿;
(3)符合规定的船员体检标准;
(4)持有国际航行船舶船员适任证书或有确定的船员出境任务;
(5)无法律、行政法规规定的禁止公民出境的情形。

五、申办海员证提交的材料

(1)《海员证申请表》;
(2)《船员服务簿》及其复印件;
(3)国际航行(含特殊航线)船舶船员适任证书或任职能力证明文件及其复印件;
(4)公安机关出具的无法律、行政法规规定的禁止公民出境的情形的证明;
(5)有效的船员体检合格证明;
(6)申请人近期免冠正面头像白底彩色电子证件照片;
(7)合法有效的劳动合同或管理协议及其复印件(适用船员委托机构办理);
(8)委托证明(适用委托办理);
(9)《海员证》遗失、损毁报告(适用申请补发)。

申请遗失、损毁补发《海员证》的,只需提交第(1)、第(9)项材料;申请换发《海员证》的,只需提交第(1)项材料及旧《海员证》;已经完成信息采集的船员可免予提交第(2)、(3)、(5)、(6)项材料;船员与其委托机构签订的劳动合同或管理协议中有明确代理船员办理证书条款的,受委托机构可免予提交第(8)项材料;中华人民共和国海事局与公安部实现公民身份信息共享后,可免予提交第(4)项材料(具体时间另行通知)。

六、海员证的有效期

根据《船员出境证件管理规定》第9条~第11条之规定,海员证的有效期最长不超过5年,海员证的签证页已签满可直接到海事管理机构申请换发。补发或换发海员证的有效期限不得超过原海员证的有效期限。有效期不足12个月的海员证不予补发或换发,并需重新申请。海员证有效期届满前12个月,可申请再次办理。

七、海员在境外发生特殊情况的处理

我国海员在国外遗失、损坏海员证或所持海员证在境外到期,船员无法返回国内,此时船员应立即到我国驻当地使领馆提出申请。我国驻外使领馆按有关规定为海员办理旅行证,保证船员及时返回国内。

另外,我国海员在境外发生意外或突发性事件等特殊情况需要援助时,海员或海员派出单位应立即与我国驻当地使领馆取得联系,以便得至及时援助。

八、海员在海员证管理方面的责任

(1)船员持有海员证出境后,不得有危害祖国安全、有损祖国荣誉和利益的行为,不得从事海员身份以外的活动。

(2)船员持有海员证出境,需履行规定手续,接受出入境边防检查机关检查,经查验准许方可出境。

(3)任何组织或者个人不得伪造、变造、买卖、转让、故意损毁或者非法扣押海员证。

(4)海员申请海员证时应提供真实信息和资料。海员证仅限持证人本人使用,由船员本人持有并负责保管。

第二篇 船员任职

第三章 甲板部船员

第一节 值班水手/高级值班水手

一、值班水手任职的条件

(1)报考条件:年龄16周岁以上,满足《船员健康检查要求》(GB 30035—2013)规定的健康条件。

(2)参加值班水手前培训(拟至500总吨及以上船舶工作)或1个月值班水手前培训(拟至未满500总吨船舶工作)。表2-3-1为海船船员(值班水手)培训合格证书相关特征要求。岗前培训分为两类:

第一类为船员培训合格证之培训,其科目包括基本安全培训(Z01)、精通救生艇筏和救助艇培训(Z02)、保安意识培训(Z07)和负有指定保安职责船员培训(Z08)。

第二类为岗位适任培训,其理论部分科目为值班水手业务;实际操作部分项目为水手值班、水手工艺、水手英语听力与会话。

(3)考试合格取得《基本安全培训合格证》(Z01)、《保安意识培训合格证》(Z07)、《负有指定保安职责船员培训合格证》(Z08)和《水手岗位培训合格证》。

(4)持《基本安全培训合格证》(Z01)和《海船船员健康证书》,向海事管理机构申请船员注册,取得船员服务簿。

(5)持《基本安全培训合格证》(Z01)、《保安意识培训合格证》(Z07)、《负有指定保安职责船员培训合格证》(Z08)和船员服务簿,到船舶上担任见习值班水手6个月,其中至少应有3个月是在船上合格的高级船员或者合格的支持级船员的直接监督之下履行了值班职责。

海船船员(值班水手)培训合格证书相关持证要求 表 2-3-1

船舶等级	职务	普通	油船	化学品船	液化气船	客船	高速船
500 总吨及以上	值班水手、高级值班水手	Z01、Z02、Z07、Z08	Z01、Z02、Z07、Z08、T01、T02	Z01、Z02、Z07、Z08、T01、T03	Z01、Z02、Z07、Z08、T04、T05	Z01、Z02、Z07、Z08、T06	Z01、Z02、Z07、Z08
未满 500 总吨	值班水手	Z01、Z07、Z08	Z01、Z02、Z07、Z08、T01、T02	Z01、Z02、Z07、Z08、T01、T03	Z01、Z02、Z07、Z08、T04、T05	Z01、Z02、Z07、Z08、T06	Z01、Z02、Z07、Z08

注:未满 500 总吨普通船舶上的值班水手,免除精通救生艇筏和救助艇培训合格证(Z02)之要求。

(6)持《基本安全培训合格证》(Z01)、《保安意识培训合格证》(Z07)、《负有指定保安职责船员培训合格证》(Z08)和船员服务簿(已签注见习资历),向海事管理机构申请《精通救生艇筏和救助艇培训合格证》(Z02)(申请该证书时须年满 18 周岁)和《值班水手适任证书》。

(7)持《基本安全培训合格证》(Z01)、《精通救生艇筏和救助艇培训合格证》(Z02)、《保安意识培训合格证》(Z07)、《负有指定保安职责船员培训合格证》(Z08)、《海船船员健康证书》、船员服务簿和《值班水手适任证书》到船舶上担任值班水手职务。

(8)在特殊船舶(油船、化学品船、液化气船、客船、高速船)上工作的值班水手,除了以上《基本安全培训合格证》(Z01)、《精通救生艇筏和救助艇培训合格证》(Z02)、《保安意识培训合格证》(Z07)、《负有指定保安职责船员培训合格证》(Z08)这四项培训合格证外,还须参加相应的特殊培训并通过考试,持有特殊船舶上需要的培训合格证(代号以 T 开头)。

(9)值班水手,任职年龄为 18 周岁(在船实习、见习年满 16 周岁)。

以上有关值班水手所需持有的培训合格证书之要求和申领条件如表 2-3-2、表 2-3-3 所示。

海船船员培训合格证适用对象和考试分数线　　表 2-3-2

项　目	试卷代号	适用对象	总分	及格分数线
基本安全培训合格证	Z01	海船上所有船员	100	60
精通救生艇筏和救助艇培训合格证	Z02	精通救生艇筏和救助艇培训船员	100	60
保安意识培训合格证	Z07	海船上所有船员	100	60
负有指定保安职责船员培训合格证	Z08	船长、高级船员、值班水手、值班机工、高级值班水手、高级值班机工、电子技工及其他负有指定保安职责的船员	100	60
油船和化学品船货物操作基本培训合格证	T01	在油船和化学品船上服务的所有船员	100	60
油船货物操作高级培训合格证	T02	在油船上服务的船长、高级船员、(高级)值班水手机工及其他对油船货物相关操作承担直接责任的船员	100	60
化学品船货物操作高级培训合格证	T03	在化学品船上服务的船长、高级船员、(高级)值班水手机工及其他对化学品船货物相关操作承担直接责任的船员	100	60
液化气船货物操作基本培训合格证	T04	在液化气船上服务的所有船员	100	60
液化气船货物操作高级培训合格证	T05	在液化气船上服务的船长、高级船员、(高级)值班水手机工及其他对液化气船货物相关操作承担直接责任的船员	100	60
客船船员特殊培训合格证	T06	在客船上服务的所有船员	100	60

海船船员培训合格证书的申领条件及有效期　　表 2-3-3

海船船员培训合格证书项目	代码	申领条件	有效期
基本安全培训合格证	Z01	• 年满 16 周岁； • 完成基本安全培训(Z01)并通过考试	5 年
精通救生艇筏和救助艇培训合格证	Z02	• 年满 18 周岁； • 培训前完成基本安全培训(Z01)； • 具有不少于 6 个月的海上服务资历	5 年
保安意识培训合格证	Z07	• 培训前完成基本安全培训(Z01)	长期
负有指定保安职责船员培训合格证	Z08	• 培训前完成基本安全培训(Z01)	长期
油船和化学品船货物操作基本培训合格证	T01	• 培训前完成基本安全培训(Z01)	长期
油船货物操作高级培训合格证	T02	• 培训前完成基本安全培训(Z01)； • 完成油船和化学品船货物操作基本培训(T01)； • 具有不少于 3 个月认可的油船海上服务资历，或完成不少于 1 个月的油船船上见习及不少于 3 次装货操作、3 次卸货操作	5 年
化学品船货物操作高级培训合格证	T03	• 培训前完成基本安全培训(Z01)； • 完成油船和化学品船货物操作基本培训(T01)； • 具有不少于 3 个月认可的化学品船海上服务资历，或完成不少于 1 个月的化学品船船上见习及不少于 3 次装货操作、3 次卸货操作	5 年
液化气船货物操作基本培训合格证	T04	• 培训前完成基本安全培训(Z01)	长期

续上表

海船船员培训合格证书项目	代码	申领条件	有效期
液化气船货物操作高级培训合格证	T05	• 培训前完成基本安全培训(Z01); • 完成液化气船货物操作基本培训(T04); • 具有不少于3个月认可的液化气船海上服务资历,或完成不少于1个月的液化气船船上见习及不少于3次装货操作、3次卸货操作	5年
客船船员特殊培训合格证	T06	• 培训前完成基本安全培训(Z01)	5年

注:上述海船船员培训合格证书有效期截止日期均不超过持证人65周岁生日。

有关值班水手适任考试之要求如表2-3-4所示。

值班水手适任考试理论考试科目考试分数线 表2-3-4

科目	试卷代号	船舶航区/等级	总分	及格分数线
值班水手业务	9601	500总吨及以上船舶	100	60
	9602	未满500总吨船舶	100	60

值班水手适任考试评估项目 表2-3-5

	职务晋升	航区扩大	吨位提高
水手值班	☆★		☆
水手工艺	☆★		☆
水手英语听力与会话	☆	☆	

注:1. 表中标注"☆"的为申请500总吨及以上船员对应职务和申考形式对应的评估项目;
2. 表中标注"★"的为申请未满500总吨船员对应职务和申考形式对应的评估项目;
3. 沿海航区的值班水手免除水手英语听力与会话评估。

二、值班水手晋升高级值班水手的条件

高级值班水手船员培训合格证的持证要求,与对应500总吨及以航区船舶之值班水手相同。拟从值班水手晋升至高级值班水手的船员,须在相应500总吨以上航区、船舶上担任值班水手满18个月,完成至少2

个月高级值班水手岗位适任培训,并通过相应的适任考试,取得合格证明,可向海事管理机构申请换发《高级值班水手适任证书》。高级值班水手岗位适任培训及其考试包括的理论科目和评估项目如表 2-3-6 ~ 表 2-3-8 所示。

高级值班水手适任考试理论考试科目 表 2-3-6

科目	职务晋升	航区扩大
水手业务	☆	
水手英语	☆	☆

注:沿海航区的高级值班水手免除水手英语理论的考试。

高级值班水手适任考试理论考试科目及其分数线 表 2-3-7

科目	试卷代号	船舶航区/等级	总分	及格分数线
高级值班水手业务	9701	无限航区 500 总吨及以上	100	60
	9702	沿海航区 500 总吨及以上	100	60
高级值班水手英语	9801	无限航区 500 总吨及以上	100	60

高级值班水手适任考试评估项目 表 2-3-8

	职务晋升	航区扩大
水手工艺	☆	
水手英语听力与会话	☆	☆

注:1. 表中标注"☆"的为申请 500 总吨及以上船员对应职务和申考形式对应的评估项目;
2. 沿海航区的高级值班水手免除水手英语听力与会话评估。

第二节 三 副

一、值班水手/高级值班水手晋升三副的条件

从值班水手/高级值班水手晋升三副,须满足以下条件:

(1)海上服务资历须在参加岗位适任培训前取得。

(2)担任值班水手/高级值班水手职务合计不少于 18 个月。其中,申请无限航区三副的至少有 6 个月在国际航行船舶担任相应职务。

(3)完成《高级消防培训》(Z04)、《精通急救培训》(Z05)之培训,通过考试,取得培训合格证。但在未满 500 总吨的船舶(特殊类型船

舶除外)上的三副,免除精通救生艇筏和救助艇培训(Z02)、高级消防培训(Z04)、精通急救培训(Z05)。此外,在配备快速救助艇的船舶上服务的船长、驾驶员、轮机长、轮机员及其他指定操纵快速救助艇的船员,应持有《精通快速救助艇培训合格证》(Z03)。

(4)完成至少12个月的三副岗位适任培训(拟至500总吨及以上船舶工作)或6个月三副岗位适任培训(拟至未满500总吨船舶工作),并通过三副适任考试。

(5)在相应航区相应等级(或者低一航区,或者低一等级)的船舶上,由船长或者合格的高级船员的指导,履行了不少于6个月的驾驶台值班职责。

以上有关从水手晋升三副须增加的合格证培训项目及其考试分数线如表2-3-9、表2-3-10所示。

海船船员(水手晋升三副)培训合格证适用对象和考试分数线 表2-3-9

项目	试卷代号	适用对象	总分	及格分数线
精通快速救助艇培训合格证	Z03	在配备快速救助艇的船舶上服务的船长、驾驶员、轮机长、轮机员及其他指定操纵快速救助艇的船员	100	60
高级消防培训合格证	Z04	高级消防培训船员	100	60
精通急救培训合格证	Z05	精通急救培训船员	100	60

海船船员(水手晋升三副)培训合格证书的申领条件及其有效期 表2-3-10

海船船员培训合格证书项目	试卷代码	申领条件	有效期
精通快速救助艇培训合格证	Z03	• 年满18周岁; • 培训前完成基本安全培训(Z01); • 持有精通救生艇筏和救助艇培训合格证(Z02)	5年
高级消防培训合格证	Z04	• 培训前完成基本安全培训(Z01)	5年
精通急救培训合格证	Z05	• 培训前完成基本安全培训(Z01)	长期

注:上述海船船员培训合格证书有效期截止日期均不超过持证人65周岁生日。

有关晋升三副岗位适任考试科目及其考试分值设置如表2-3-11～表2-3-13所示。

三副适任考试理论考试科目 表2-3-11

考试科目	职务晋升	航区扩大	吨位提高
航海学	☆	☆	
船舶操纵与避碰	☆		☆
船舶管理	☆	☆	
船舶结构与货运	☆		☆
航海英语	☆	☆	

注:1. 申请二副与申请三副适任证书的理论考试科目相同;

2. 沿海航区的三副免除英语理论的考试;

3. 持有非运输船适任证书者,申请取消非运输船限制者应加考《船舶结构与货运》。

海船船员(三副)适任考试理论考试科目及其分数线 表2-3-12

科　　目	试卷代号	船舶航区/等级	总分	及格分数线
航海英语	9003	无限航区500总吨及以上	100	70
船舶操纵与避碰	9105	3 000总吨及以上	100	80
	9106	500～3 000总吨	100	80
	9109	未满500总吨	100	70
航海学	9205	无限航区500总吨及以上	100	70
	9206	沿海航区500总吨及以上	100	70
	9209	未满500总吨	100	60
船舶结构与货运	9303	3 000总吨及以上	100	70
	9304	500～3 000总吨	100	70
	9306	未满500总吨	100	60
船舶管理	9405	无限航区500总吨及以上	100	70
	9406	沿海航区500总吨及以上	100	70
	9409	未满500总吨	100	60

三副适任考试评估项目 表 2-3-13

项　　目	职务晋升	航区扩大	吨位提高
电子海图显示与信息系统/电子海图系统	☆	☆	
航线设计	☆★	☆	
雷达操作与应用	☆★		
船舶操纵、避碰与驾驶台资源管理	☆★		☆
货物积载与系固	☆		☆
航海仪器的使用	☆★		
航海英语听力与会话	☆	☆	

注:1. 申请二副与申请三副适任证书的评估项目相同;
2. 表中标注“☆”的为申请 500 总吨及以上船员对应职务和申考形式对应的评估项目;
3. 表中标注“★”的为申请未满 500 总吨船员对应职务和申考形式对应的评估项目;
4. 沿海未满 500 总吨船舶三副吨位提高需通过英语听力与会话、电子海图显示与信息系统/电子海图系统、雷达操作与应用和航海仪器的使用评估;
5. 持有非运输船适任证书者,申请取消非运输船限制时应加考《货物积载与系固》。

二、沿海航区三副的任职条件

中学毕业可以将沿海航区三副作为其职业起点,其任职条件为:

(1)接受不少于 2 年的全日制航海类中职中专及以上教育与培训,或者接受不少于 24 个月三副岗前培训。培训的内容包括船员培训合格证培训和岗位适任培训。

第一类船员培训合格证之培训科目包括基本安全培训(Z01)、精通救生艇筏和救助艇培训(Z02)、高级消防培训(Z04)、精通急救培训(Z05)、保安意识培训(Z07)和负有指定保安职责船员培训(Z08),须通过考试,取得培训合格证。但在未满 500 总吨的船舶(特殊类型船舶除外)上的三副,免除精通救生艇筏和救助艇培训(Z02)、高级消防培训(Z04)、精通急救培训(Z05)。此外,在配备快速救助艇的船舶上服务的船长、驾驶员、轮机长、轮机员及其他指定操纵快速救助艇的船员,应持有《精通快速救助艇培训合格证》(Z03)。

第二类为岗位适任培训,包括理论部分科目和实际操作部分项目两类。

(2)完成全部理论和实践教学内容,并取得学历证明或培训证明。

(3)申请沿海航区三副的适任考试,取得相应的成绩证明。

(4)持《基本安全培训合格证》和《海船船员健康证书》,向海事管理机构申请国内航线海船船员注册,取得船员服务簿。

(5)上船前,向海事管理机构申请见习簿开封。

(6)持《培训合格证》(见表018)、《海船船员健康证书》、船员服务簿和见习簿,到沿海航区相应等级或低一等级的船舶见习12个月。

(7)见习期满,持《培训合格证》(见表018)、适任考试成绩证明、船员服务簿(已签注见习资历)和见习簿,向海事管理机构申请《精通救生艇筏和救助艇培训合格证》(Z02)和《沿海航区三副适任证书》。

(8)在特殊船舶(油船、化学品船、液化气船、客船、高速船)上工作的沿海三副,除了以上《基本安全培训合格证》(Z01)、《精通救生艇筏和救助艇培训合格证》(Z02)、《高级消防培训培训合格证》(Z04)、《精通急救培训培训合格证》(Z05)、《保安意识培训合格证》(Z07)、《负有指定保安职责船员培训合格证》(Z08)这四项培训合格证外,还须参加相应的特殊培训并通过考试,持有特殊船舶上需要的培训合格证。

以上有关沿海三副所需参加培训考试科目和持证要求如表2-3-14~表2-3-16所示。

海船船员(沿海三副)培训合格证书相关持证要求 表2-3-14

船舶等级	职务	普通	油船	化学品船	液化气船	客船	高速船
500总吨及以上	三副	Z01、Z02、Z04、Z05、Z07、Z08	Z01、Z02、Z04、Z05、Z07、Z08、T01、T02	Z01、Z02、Z04、Z05、Z07、Z08、T01、T03	Z01、Z02、Z04、Z05、Z07、Z08、T04、T05	Z01、Z02、Z04、Z05、Z07、Z08、T06	Z01、Z02、Z04、Z05、Z07、Z08、T08

续上表

船舶等级	职务	普通	油船	化学品船	液化气船	客船	高速船
未满500总吨	三副	Z01、Z07、Z08	Z01、Z02、Z04、Z05、Z07、Z08、T01、T02	Z01、Z02、Z04、Z05、Z07、Z08、T01、T03	Z01、Z02、Z04、Z05、Z07、Z08、T04、T05	Z01、Z02、Z04、Z05、Z07、Z08、T06	Z01、Z02、Z04、Z05、Z07、Z08、T08

注:未满500总吨普通船舶上的沿海三副,免除《精通救生艇筏和救助艇培训合格证》(Z02)、《高级消防培训培训合格证》(Z04)、《精通急救培训培训合格证》(Z05)之要求。

海船船员培训合格证考试项目及其分数线 表2-3-15

科　　目	试卷代号	适用对象	总分	及格分数线
基本安全培训合格证	Z01	海船上所有船员	100	60
精通救生艇筏和救助艇培训合格证	Z02	精通救生艇筏和救助艇培训船员	100	60
精通快速救助艇培训合格证	Z03	在配备快速救助艇的船舶上服务的船长、驾驶员、轮机长、轮机员及其他指定操纵快速救助艇的船员	100	60
高级消防培训合格证	Z04	高级消防培训船员	100	60
精通急救培训合格证	Z05	精通急救培训船员	100	60
保安意识培训合格证	Z07	海船上所有船员	100	60
负有指定保安职责船员培训合格证	Z08	船长、高级船员、值班水手、值班机工、高级值班水手、高级值班机工、电子技工及其他负有指定保安职责的船员	100	60
油船和化学品船货物操作基本培训合格证	T01	在油船和化学品船上服务的所有船员	100	60

续上表

科　　目	试卷代号	适用对象	总分	及格分数线
油船货物操作高级培训合格证	T02	在油船上服务的船长、高级船员、(高级)值班水手机工及其他对油船货物相关操作承担直接责任的船员	100	60
化学品船货物操作高级培训合格证	T03	在化学品船上服务的船长、高级船员、(高级)值班水手机工及其他对化学品船货物相关操作承担直接责任的船员	100	60
液化气船货物操作基本培训合格证	T04	在液化气船上服务的所有船员	100	60
液化气船货物操作高级培训合格证	T05	在液化气船上服务的船长、高级船员、(高级)值班水手机工及其他对液化气船货物相关操作承担直接责任的船员	100	60
客船船员特殊培训合格证	T06	在客船上服务的所有船员	100	60
高速船船员特殊培训合格证(船长和驾驶员)	T081	在高速船上服务的船长、驾驶员	100	60

海船船员培训合格证书的申领条件及其有效期　表 2-3-16

科　　目	试卷代号	申 领 条 件	有效期
基本安全培训合格证	Z01	• 年满 16 周岁； • 完成基本安全培训(Z01)并通过考试	5 年
精通救生艇筏和救助艇培训合格证	Z02	• 年满 18 周岁； • 培训前完成基本安全培训(Z01)； • 具有不少于 6 个月的海上服务资历	5 年

续上表

科　　目	试卷代号	申 领 条 件	有效期
精通快速救助艇培训合格证	Z03	• 年满 18 周岁； • 培训前完成基本安全培训(Z01)； • 持有精通救生艇筏和救助艇培训合格证(Z02)	5 年
高级消防培训合格证	Z04	• 培训前完成基本安全培训(Z01)	5 年
精通急救培训合格证	Z05	• 培训前完成基本安全培训(Z01)	长期
保安意识培训合格证	Z07	• 培训前完成基本安全培训(Z01)	长期
负有指定保安职责船员培训合格证	Z08	• 培训前完成基本安全培训(Z01)	长期
油船和化学品船货物操作基本培训合格证	T01	• 培训前完成基本安全培训(Z01)	长期
油船货物操作高级培训合格证	T02	• 培训前完成基本安全培训(Z01)； • 完成油船和化学品船货物操作基本培训(T01)； • 具有不少于 3 个月认可的油船海上服务资历,或完成不少于 1 个月的油船船上见习及不少于 3 次装货操作、3 次卸货操作	5 年
化学品船货物操作高级培训合格证	T03	• 培训前完成基本安全培训(Z01)； • 完成油船和化学品船货物操作基本培训(T01)； • 具有不少于 3 个月认可的化学品船海上服务资历,或完成不少于 1 个月的化学品船船上见习及不少于 3 次装货操作、3 次卸货操作	5 年
液化气船货物操作基本培训合格证	T04	• 培训前完成基本安全培训(Z01)	长期

第三章

续上表

科　　目	试卷代号	申 领 条 件	有效期
液化气船货物操作高级培训合格证	T05	• 培训前完成基本安全培训(Z01); • 完成液化气船货物操作基本培训(T04); • 具有不少于3个月认可的液化气船海上服务资历,或完成不少于1个月的液化气船船上见习及不少于3次装货操作、3次卸货操作	5年
客船船员特殊培训合格证	T06	• 培训前完成基本安全培训(Z01)	5年
高速船船员特殊培训合格证	T08	• 培训前完成基本安全培训(Z01); • 初次申请者,不超过45周岁; • 参加培训前应当具有担任船长、驾驶员、轮机长、轮机员职务不少于12个月,或者高速船船上不少于12个月的海上服务资历; • 完成高速船船长、驾驶员、轮机长、轮机员相应职务的不少于1个月或50个单航次的船上见习	5年

注:上述海船船员培训合格证书有效期截止日期均不超过持证人65周岁生日。

有关沿海三副岗位适任考试科目及其考试分值设置如表2-3-17 ~ 表2-3-19所示。

沿海三副适任考试理论考试科目　　表2-3-17

考试科目	职务晋升	吨位提高
航海学	☆	
船舶操纵与避碰	☆	☆
船舶管理	☆	
船舶结构与货运	☆	☆

注:1. 申请二副与申请三副适任证书的理论考试科目相同;

2. 持有非运输船适任证书者,申请取消非运输船限制者应加考《船舶结构与货运》。

沿海三副适任考试理论考试科目及其分数线　　表 2-3-18

科　　目	试卷代号	船舶航区/等级	总分	及格分数线
船舶操纵与避碰	9105	3 000 总吨及以上	100	80
	9106	500 ~ 3 000 总吨	100	80
	9109	未满 500 总吨	100	70
航海学	9206	沿海航区 500 总吨及以上	100	70
	9209	未满 500 总吨	100	60
船舶结构与货运	9303	3 000 总吨及以上	100	70
	9304	500 ~ 3 000 总吨	100	70
	9306	未满 500 总吨	100	60
船舶管理	9406	沿海航区 500 总吨及以上	100	70
	9409	未满 500 总吨	100	60

沿海三副适任考试评估项目　　表 2-3-19

项　　目	职务晋升	吨位提高
电子海图显示与信息系统/电子海图系统	☆	
航线设计	☆★	
雷达操作与应用	☆★	
船舶操纵、避碰与驾驶台资源管理	☆★	☆
货物积载与系固	☆	☆
航海仪器的使用	☆★	
航海英语听力与会话	☆	

注：1. 申请二副与申请三副适任证书的评估项目相同；

2. 表中标注“☆”的为申请 500 总吨及以上船员对应职务和申考形式对应的评估项目；

3. 表中标注“★”的为申请未满 500 总吨船员对应职务和申考形式对应的评估项目；

4. 沿海未满 500 总吨船舶三副吨位提高需通过英语听力与会话、电子海图显示与信息系统/电子海图系统、雷达操作与应用和航海仪器的使用评估；

5. 持有非运输船适任证书者，申请取消非运输船限制时应加考《货物积载与系固》。

三、沿海航区三副至无限航区三副的条件

申请适任证书航区扩大者,应当持有有效的沿海航区相同船舶等级和职务的适任证书,并实际担任其职务不少于12个月,并完成相应的岗位适任培训;申请适任证书吨位或者功率提高者,应当持有有效地与所申请的吨位或者功率较低一级但航区和职务相同的适任证书,并实际担任其职务满12个月,并完成相应的岗位适任培训。

从沿海航区三副至无限航区三副,应再经相应岗位适任培训和考试。

有关沿海三副航区扩大适任考试科目及其考试分值设置如表2-3-20~表2-3-22所示。

三副航区扩大及吨位提高适任考试理论考试科目 表2-3-20

考试科目	航区扩大	吨位提高
航海学	☆	
船舶操纵与避碰		☆
船舶管理	☆	
船舶结构与货运		☆
航海英语	☆	

注:1. 申请二副与申请三副适任证书的理论考试科目相同;

2. 持有非运输船适任证书者,申请取消非运输船限制者应加考《船舶结构与货运》。

三副航区及吨位提高扩大适任考试理论考试科目及其分数线 表2-3-21

科目	试卷代号	船舶航区/等级	总分	及格分数线
航海英语	9003	无限航区500总吨及以上	100	70
船舶操纵与避碰	9105	3 000总吨及以上	100	80
	9106	500~3 000总吨	100	80
航海学	9205	无限航区500总吨及以上	100	70
船舶结构与货运	9303	3 000总吨及以上	100	70
	9304	500~3 000总吨	100	70
船舶管理	9405	无限航区500总吨及以上	100	70

三副航区扩大适任考试评估项目　　表 2-3-22

项　　目	航区扩大	吨位提高
电子海图显示与信息系统/电子海图系统	☆	
航线设计	☆	
船舶操纵、避碰与驾驶台资源管理		☆
货物积载与系固		☆
航海英语听力与会话	☆	

注:1. 申请二副与申请三副适任证书的评估项目相同;

2. 表中标注“☆”的为申请500 总吨及以上船员对应职务和申考形式对应的评估项目;

3. 沿海未满 500 总吨船舶三副吨位提高需通过英语听力与会话、电子海图显示与信息系统/电子海图系统、雷达操作与应用和航海仪器的使用评估;

4. 持有非运输船适任证书者,申请取消非运输船限制时应加考《货物积载与系固》。

四、院校毕业生直接报考无限航区三副的条件

所谓院校毕业生有四种情形:

(1)接受全日(2 年)制航海类中职中专教育或者接受 2 年三副岗位适任培训,且具有不少于 12 个月海上服务资历;

(2)非航海毕业生须接受不少于 18 个月三副岗位适任培训;

(3)接受全日制(3 年)航海类高职高专教育与培训;

(4)完成全日制航海类本科教育与培训。

院校毕业生在学习期间,除院校的学位教育外,还须接受三副岗前培训,培训的内容可分为两类:船员培训合格证之培训和岗位适任培训。

有关船员培训合格证之培训,其科目包括基本安全培训(Z01)、精通救生艇筏和救助艇培训(Z02)、高级消防培训(Z04)、精通急救培训(Z05)、保安意识培训(Z07)和负有指定保安职责船员培训(Z08)。通过考试,取得培训合格证。

在特殊船舶(油船、化学品船、液化气船、客船、高速船)上工作的无限航区三副,除了以上《基本安全培训合格证》(Z01)、《精通救生艇筏和救助艇培训合格证》(Z02)、《高级消防培训培训合格证》(Z04)、

《精通急救培训培训合格证》(Z05)、《保安意识培训合格证》(Z07)、《负有指定保安职责船员培训合格证》(Z08)这四项培训合格证外,还须参加相应的特殊培训并通过考试,持有特殊船舶上需要的培训合格证。

有关岗位适任培训,又分为理论部分和实际操作部分。学员在校期间,须完成全部三副职务相关航海类理论和实践教学内容,并取得学历证明或培训证明。

以上有关无限航区三副所需参加培训考试科目和持证要求如表2-3-23~表2-3-28所示。

海船船员(无限航区三副)培训合格证书相关持证要求 表2-3-23

船舶等级	职务	普通	油船	化学品船	液化气船	客船	高速船
500总吨及以上	驾驶员	Z01、Z02、Z04、Z05、Z07、Z08	Z01、Z02、Z04、Z05、Z07、Z08、T01、T02	Z01、Z02、Z04、Z05、Z07、Z08、T01、T03	Z01、Z02、Z04、Z05、Z07、Z08、T04、T05	Z01、Z02、Z04、Z05、Z07、Z08、T06	Z01、Z02、Z04、Z05、Z07、Z08、T08

海船船员培训合格证考试项目及其分数线 表2-3-24

科目	试卷代号	适用对象	总分	及格分数线
基本安全培训合格证	Z01	海船上所有船员	100	60
精通救生艇筏和救助艇培训合格证	Z02	精通救生艇筏和救助艇培训船员	100	60
精通快速救助艇培训合格证	Z03	在配备快速救助艇的船舶上服务的船长、驾驶员、轮机长、轮机员及其他指定操纵快速救助艇的船员	100	60

续上表

科　　目	试卷代号	适用对象	总分	及格分数线
高级消防培训合格证	Z04	高级消防培训船员	100	60
精通急救培训合格证	Z05	精通急救培训船员	100	60
保安意识培训合格证	Z07	海船上所有船员	100	60
负有指定保安职责船员培训合格证	Z08	船长、高级船员、值班水手、值班机工、高级值班水手、高级值班机工、电子技工及其他负有指定保安职责的船员	100	60
油船和化学品船货物操作基本培训合格证	T01	在油船和化学品船上服务的所有船员	100	60
油船货物操作高级培训合格证	T02	在油船上服务的船长、高级船员、(高级)值班水手机工及其他对油船货物相关操作承担直接责任的船员	100	60
化学品船货物操作高级培训合格证	T03	在化学品船上服务的船长、高级船员、(高级)值班水手机工及其他对化学品船货物相关操作承担直接责任的船员	100	60
液化气船货物操作基本培训合格证	T04	在液化气船上服务的所有船员	100	60
液化气船货物操作高级培训合格证	T05	在液化气船上服务的船长、高级船员、(高级)值班水手机工及其他对液化气船货物相关操作承担直接责任的船员	100	60

续上表

科　　目	试卷代号	适用对象	总分	及格分数线
客船船员特殊培训合格证	T06	在客船上服务的所有船员	100	60
高速船船员特殊培训合格证(船长和驾驶员)	T081	在高速船上服务的船长、驾驶员	100	60

海船船员培训合格证书的申领条件及其有效期　表 2-3-25

科　　目	代号	申 领 条 件	有效期
基本安全培训合格证	Z01	• 年满 16 周岁； • 完成基本安全培训(Z01)并通过考试	5 年
精通救生艇筏和救助艇培训合格证	Z02	• 年满 18 周岁； • 培训前完成基本安全培训(Z01)； • 具有不少于 6 个月的海上服务资历	5 年
精通快速救助艇培训合格证	Z03	• 年满 18 周岁； • 培训前完成基本安全培训(Z01)； • 持有精通救生艇筏和救助艇培训合格证(Z02)	5 年
高级消防培训合格证	Z04	• 培训前完成基本安全培训(Z01)	5 年
精通急救培训合格证	Z05	• 培训前完成基本安全培训(Z01)	长期
保安意识培训合格证	Z07	• 培训前完成基本安全培训(Z01)	长期
负有指定保安职责船员培训合格证	Z08	• 培训前完成基本安全培训(Z01)	长期
油船和化学品船货物操作基本培训合格证	T01	• 培训前完成基本安全培训(Z01)	长期
油船货物操作高级培训合格证	T02	• 培训前完成基本安全培训(Z01)； • 完成油船和化学品船货物操作基本培训(T01)； • 具有不少于 3 个月认可的油船海上服务资历,或完成不少于 1 个月的油船船上见习及不少于 3 次装货操作、3 次卸货操作	5 年

续上表

科　目	代号	申领条件	有效期
化学品船货物操作高级培训合格证	T03	●培训前完成基本安全培训(Z01); ●完成油船和化学品船货物操作基本培训(T01); ●具有不少于3个月认可的化学品船海上服务资历,或完成不少于1个月的化学品船船上见习及不少于3次装货操作、3次卸货操作	5年
液化气船货物操作基本培训合格证	T04	●培训前完成基本安全培训(Z01)	长期
液化气船货物操作高级培训合格证	T05	●培训前完成基本安全培训(Z01); ●完成液化气船货物操作基本培训(T04); ●具有不少于3个月认可的液化气船海上服务资历,或完成不少于1个月的液化气船船上见习及不少于3次装货操作、3次卸货操作	5年
客船船员特殊培训合格证	T06	●培训前完成基本安全培训(Z01)	5年
高速船船员特殊培训合格证	T08	●培训前完成基本安全培训(Z01); ●初次申请者,不超过45周岁; ●参加培训前应当具有担任船长、驾驶员、轮机长、轮机员职务不少于12个月,或者高速船船上不少于12个月的海上服务资历; ●完成高速船船长、驾驶员、轮机长、轮机员相应职务的不少于1个月或50个单航次的船上见习	5年

注:上述海船船员培训合格证书有效期截止日期均不超过持证人65周岁生日。

无限航区二、三副适任考试理论考试科目 表 2-3-26

考试科目	职务晋升	吨位提高
航海学	☆	
船舶操纵与避碰	☆	☆
船舶管理	☆	
船舶结构与货运	☆	☆
航海英语	☆	

注:1. 申请二副与申请三副适任证书的理论考试科目相同;

2. 持有非运输船适任证书者,申请取消非运输船限制者应加考《船舶结构与货运》。

无限航区二、三副适任考试理论考试科目及其分数线 表 2-3-27

科　　目	试卷代号	船舶航区/等级	总分	及格分数线
航海英语	9003	无限航区 500 总吨及以上	100	70
船舶操纵与避碰	9105	3000 总吨及以上	100	80
	9106	500～3000 总吨	100	80
航海学	9205	无限航区 500 总吨及以上	100	70
船舶结构与货运	9303	3000 总吨及以上	100	70
	9304	500～3000 总吨	100	70
船舶管理	9405	无限航区 500 总吨及以上	100	70

无限航区二、三副适任考试评估项目 表 2-3-28

项　　目	职务晋升	吨位提高
电子海图显示与信息系统/电子海图系统	☆	
航线设计	☆	
雷达操作与应用	☆	
船舶操纵、避碰与驾驶台资源管理	☆	☆
货物积载与系固	☆	☆
航海仪器的使用	☆	
航海英语听力与会话	☆	

注:1. 申请二副与申请三副适任证书的评估项目相同;

2. 表中标注"☆"的为申请 500 总吨及以上船员对应职务和申考形式对应的评估项目;

3. 持有非运输船适任证书者,申请取消非运输船限制时应加考《货物积载与系固》。

第三节 二 副

从三副晋升至同航区同吨位船舶二副，不需经过岗位适任培训，只需其在相应等级船舶上担任三副职务的海上服务资历累计满18个月（对于无限航区驾驶员，其中担任无限航区三副须至少6个月），且任职安全记录良好，持《服务簿》、《培训合格证》和《海船船员健康证书》向海事管理机构申请换发相应的二副适任证书即可。

此外，在部分经认可的教育质量及管理良好的航海类本科院校里，完成四年制航海类本科教育与培训，可以直接申考二副，其岗前培训内容、考试科目都与三副相同。通过相应的考试并取得12个月海上见习资历的，可以申领二副适任证书。

第四节 大 副

二副晋升大副的条件：

（1）海上服务资历须在参加岗位适任培训前取得。

（2）在相应等级的船舶上担任二副职务累计12个月（拟升任无限航区大副，须担任无限航区二副职务至少6个月），且任职安全记录良好。

（3）参加大副岗位适任培训（拟在500总吨及以上船舶上任职为3个月、在未满500总吨船舶上任职为1个月），期间参加船上医护培训（Z06：仅限500总吨及以上大副）和船舶保安员培训（Z09："11规则"没有明确大副或船长必须持有船舶保安员培训合格证，但船舶保安员一般是大副或船长兼任）。此外，在中国籍大型船舶上服务的船长和大副参加大型船舶操纵特殊培训（T07）。

（4）申请大副考试，成绩合格。

（5）上船前向海事管理机构申请见习记录簿开封。

（6）在相应航区相应等级或低一等级的船舶上见习3个月。

（7）向海事管理机构申请换发大副适任证书。

在二副持证要求基础上，以上大副所须增加的培训考试科目和持证要求如表2-3-29～表2-3-34所示。

海船船员培训合格证书相关持证要求 表 2-3-29

职务	普通船舶	中国籍大型船舶
大副	Z06、Z09	T07

注:船上医护培训(Z06),仅限 500 总吨及以上大副和船长。

海船船员培训合格证考试项目及其分数线 表 2-3-30

科目	试卷代号	适用对象	总分	及格分数线
船上医护培训合格证	Z06	在 500 总吨及以上船舶上服务的船长、大副及其他指定负责船上医护的船员	100	60
船舶保安员培训合格证	Z09	船舶上担任船舶保安员的船员	100	80
大型船舶操纵特殊培训合格证	T07	在中国籍大型船舶上服务的船长和大副	100	60

海船船员培训合格证书的申领条件及其有效期 表 2-3-31

科目	代号	申领条件	有效期
船上医护培训合格证	Z06	• 培训前完成基本安全培训(Z01); • 持有精通急救培训合格证(Z05)	长期
船舶保安员培训合格证	Z09	• 年满 18 周岁; • 培训前完成基本安全培训(Z01); • 参加培训前应当具有不少于 12 个月的海上服务资历	长期
大型船舶操纵特殊培训合格证	T07	• 培训前完成基本安全培训(Z01); • 参加培训前应当具有担任船长、驾驶员职务不少于 12 个月的海上服务资历	长期

注:上述海船船员培训合格证书有效期截止日期均不超过持证人 65 周岁生日。

大副适任考试理论考试科目 表 2-3-32

考试科目	职务晋升	航区扩大	吨位提高
航海学	☆	☆	
船舶操纵与避碰	☆		☆
船舶管理	☆	☆	
船舶结构与货运	☆		☆
航海英语	☆	☆	

注:1. 沿海航区的大副免除航海英语理论的考试;

2. 持有非运输船大副适任证书者,申请职务晋升时应加考大副职务的《船舶结构与货运》;

3. 持有非运输船适任证书者,申请取消非运输船限制者应加考《船舶结构与货运》。

大副适任考试理论考试科目及其分数线 表 2-3-33

科　目	试卷代号	船舶航区/等级	总分	及格分数线
航海英语	9002	无限航区 500 总吨及以上	100	70
船舶操纵与避碰	9103	3 000 总吨及以上	100	80
	9104	500 ~ 3 000 总吨	100	80
	9108	未满 500 总吨	100	70
航海学	9203	无限航区 500 总吨及以上	100	70
	9204	沿海航区 500 总吨及以上	100	70
	9208	未满 500 总吨	100	60
船舶结构与货运	9301	3 000 总吨及以上	100	70
	9302	500 ~ 3 000 总吨	100	70
	9305	未满 500 总吨	100	60
船舶管理	9403	无限航区 500 总吨及以上	100	70
	9404	沿海航区 500 总吨及以上	100	70
	9408	未满 500 总吨	100	60

大副适任考试评估项目 表 2-3-34

项 目	职务晋升	航区扩大	吨位提高
电子海图显示与信息系统/电子海图系统	☆	☆	
船舶操纵、避碰与驾驶台资源管理	☆★		☆
货物积载与系固	☆★	☆	☆
航海英语听力与会话	☆	☆	

注:1. 表中标注“☆”的为申请500 总吨及以上船员对应职务和申考形式对应的评估项目;

2. 表中标注“★”的为申请未满500 总吨船员对应职务和申考形式对应的评估项目;

3. 沿海未满500 总吨船舶大副吨位提高需通过英语听力与会话、电子海图显示与信息系统/电子海图系统、雷达操作与应用和航海仪器的使用评估;

4. 持有非运输船大副适任证书者,申请职务晋升时应加考大副职务的《货物积载与系固》;

5. 持有非运输船适任证书者,申请取消非运输船限制时应加考《货物积载与系固》。

第五节 客船上的任职

一、甲板部人员客船上任职的共同条件

在客船上任职的所有船员,都应当持有客船船员特殊培训合格证(T06)。此外,在两港间航程 50 海里及以上的客船上服务的驾驶员,应当持有适用于相应航区 3 000 总吨及以上船舶的适任证书。

二、驾驶员客船上的任职条件

申请适用于两港间航程 50 海里及以上客船驾驶员适任证书的,应当具备下列条件:

(1)申请适用于客船上的三副适任证书者,应当在其他种类的3 000总吨及以上海船上担任三副满 12 个月,任职表现和安全记录良好,并至少在客船上任见习三副 3 个月;或者通过三副适任考试,在客船上完成 18 个月的船上见习,任职表现和安全记录良好。

(2)申请适用于客船上的二副适任证书者,应当在其他种类的3 000总吨及以上海船上担任二副满 12 个月,任职表现和安全记录良好,并至少在客船上任见习二副 3 个月;或者持有客船三副适任证书并在相应航区、船舶等级的海船上担任三副不少于 18 个月,任职表现和安全记录良好,其中曾经担任客船三副至少 6 个月。

(3)申请适用于客船上的大副适任证书者,应当在其他种类的3 000总吨及以上海船上担任大副满 24 个月,任职表现和安全记录良好,并至少在客船上任见习大副 3 个月;或者持有客船二副适任证书并在相应航区、船舶等级的海船上担任二副不少于 12 个月,其中曾经担任客船二副至少 6 个月,通过大副考试,至少在客船上任见习大副 3 个月,任职表现和安全记录良好。

以上驾驶员客船上的任职条件可归纳为表 2-3-35。

客船驾驶员适任证书的申请条件 表 2-3-35

	组合条件之一		组合条件之二	
申请客船三副适任证书	3 000 总吨及以上货船任三副满 12 个月,任职表现和安全记录良好	客船见习三副 3 个月	通过三副适任考试	18 个月客船见习,任职表现和安全记录良好
申请客船二副适任证书	3 000 总吨及以上货船任二副满 12 个月,任职表现和安全记录良好	客船见习二副 3 个月	持有客船三副适任证书并任三副不少于 18 个月,任职表现和安全记录良好	其中曾经担任客船三副至少 6 个月
申请客船大副适任证书	3 000 总吨及以上货船任大副满 24 个月,任职表现和安全记录良好	客船见习大副 3 个月	持有客船二副适任证书并任二副不少于 12 个月,其中曾经担任客船二副至少 6 个月	通过大副适任考试,3 个月客船见习大副,任职表现和安全记录良好

第六节　适任证书的再有效

根据《海船船员适任考试和发证规则》第 15 条，持有驾驶员适任证书者在证书有效期内，满足下列条件之一，并经过与其职务相适应的知识更新培训，可以在适任证书有效期届满前 12 个月内，向有相应管理权限的海事管理机构申请适任证书再有效。

(1) 从申请之日起向前计算 5 年内，具有与其适任证书所记载范围相应的不少于 12 个月的海上服务资历，且任职表现和安全记录良好；

(2) 从申请之日起向前计算 6 个月内，具有与其适任证书所记载范围相应的累计不少于 3 个月的海上服务资历，且任职表现和安全记录良好。

未满足《海船船员适任考试和发证规则》第 15 条规定的驾驶员，申请适任证书再有效的，应当符合下列规定：

(1) 未满足上述(1)、(2)项规定，或者适任证书过期 5 年以内的，应当参加模拟器培训和知识更新培训，并通过相应的抽查项目的评估；

(2) 适任证书过期 5 年及以上、10 年以下的，应当参加模拟器培训和知识更新培训，并通过相应的抽查科目的理论考试和项目的评估；

(3) 适任证书过期 10 年及以上的，应当参加模拟器培训和知识更新培训，通过相应的抽查科目的理论考试和项目的评估，并在适任证书记载的相应航区、等级范围内按照《船上见习记录簿》规定完成不少于 3 个月的船上见习。

以上有关知识更新培训之事项详见第二章第三节。

申请适任证书再有效抽考的理论考试科目和评估项目可参见表 2-3-36。

驾驶员适任证书再有效抽考理论考试科目和评估项目　表 2-3-36

理论考试和评估项目 \ 职务		大副	二/三副
驾驶员	船舶操纵与避碰	☆★	☆★
	船舶管理	☆	☆

续上表

理论考试和评估项目 \ 职务		大副	二/三副
驾驶员	船舶结构与货运	☆★	
	电子海图显示与信息系统/电子海图系统	☆	☆
	船舶操纵、避碰与驾驶台资源管理		☆★
	货物积载与系固	☆★	
	航海仪器的使用		☆
	航海英语听力与会话	☆	☆

注:1. 表中标注"☆"的为申请500 总吨及以上船员对应职务的理论考试科目和评估项目;

2. 表中标注"★"的为申请未满 500 总吨船员对应职务的理论考试科目和评估项目。

第四章　轮机部船员

第一节　值班机工/高级值班机工

一、值班机工任职的条件

(1)值班机工的报考条件:年龄16周岁以上,满足《海船船员健康检查要求》规定的健康条件。

(2)参加为期至少4个月值班机工岗前培训(拟至750千瓦及以上船舶工作)或1个月值班机工岗前培训(拟至未满750千瓦船舶工作)。岗前培训分为以下两类培训:

第一类为船员培训合格证之培训,其科目包括基本安全培训(Z01)、精通救生艇筏和救助艇培训(Z02)、保安意识培训(Z07)和负有指定保安职责船员培训(Z08)。

第二类为岗位适任培训。理论部分科目为值班机工业务;实际操作部分项目为设备拆装与操作、机工英语听力与会话、金工工艺。

(3)考试合格取得《基本安全培训合格证》(Z01)、《保安意识培训合格证》(Z07)、《负有指定保安职责船员培训合格证》(Z08)和《机工岗位培训合格证》。

(4)持《基本安全培训合格证》(Z01)和《海船船员健康证书》,向海事管理机构申请船员注册,取得船员服务簿。

(5)持《基本安全培训合格证》(Z01)、《保安意识培训合格证》(Z07)、《负有指定保安职责船员培训合格证》(Z08)和船员服务簿,到船舶上担任见习值班机工6个月,其中至少应有3个月是在船上合格的高级船员或者合格的支持级船员的直接监督之下履行了值班职责。

(6)持《基本安全培训合格证》(Z01)、《保安意识培训合格证》(Z07)、《负有指定保安职责船员培训合格证》(Z08)和船员服务簿(已签注见习资历),向海事管理机构申请《精通救生艇筏和救助艇培训合格证》(Z02)(申请该证书时须年满18周岁)和《值班机工适任证书》。

(7)持《基本安全培训合格证》(Z01)、《精通救生艇筏和救助艇培训合格证》(Z02)、《保安意识培训合格证》(Z07)、《负有指定保安职责船员培训合格证》(Z08)、《海船船员健康证书》、船员服务簿和《值班机工适任证书》到船舶上担任值班机工职务。

(8)在特殊船舶(油船、化学品船、液化气船、客船、高速船)上工作的值班机工,除了以上《基本安全培训合格证》(Z01)、《精通救生艇筏和救助艇培训合格证》(Z02)、《保安意识培训合格证》(Z07)、《负有指定保安职责船员培训合格证》(Z08)这四项培训合格证外,还须参加相应的特殊培训并通过考试,持有特殊船舶上需要的培训合格证。

(9)值班机工的任职年龄为 18 周岁(在船实习、见习年满 16 周岁)。

以上有关值班机工所需参加培训考试科目和持证要求如表 2-4-1 ~ 表 2-4-5 所示。

海船船员(值班机工)培训合格证书相关持证要求　　表 2-4-1

船舶等级	职务	普通	油船	化学品船	液化气船	客船	高速船
750 千瓦及以上	值班机工、高级值班机工	Z01、Z02、Z07、Z08	Z01、Z02、Z07、Z08、T01、T02	Z01、Z02、Z07、Z08、T01、T03	Z01、Z02、Z07、Z08、T04、T05	Z01、Z02、Z07、Z08、T06	Z01、Z02、Z07、Z08
未满 750 千瓦	值班机工	Z01、Z07、Z08	Z01、Z02、Z07、Z08、T01、T02	Z01、Z02、Z07、Z08、T01、T03	Z01、Z02、Z07、Z08、T04、T05	Z01、Z02、Z07、Z08、T06	Z01、Z02、Z07、Z08

注:未满 750 千瓦普通船舶上的值班机工,免除精通救生艇筏和救助艇培训合格证(Z02)之要求。

海船船员培训合格证适用对象和考试分数线　　表 2-4-2

项　　目	试卷代号	适 用 对 象	总分	及格分数线
基本安全培训合格证	Z01	海船上所有船员	100	60
精通救生艇筏和救助艇培训合格证	Z02	精通救生艇筏和救助艇培训船员	100	60
保安意识培训合格证	Z07	海船上所有船员	100	60

续上表

项　　目	试卷代号	适用对象	总分	及格分数线
负有指定保安职责船员培训合格证	Z08	船长、高级船员、值班水手、值班机工、高级值班水手、高级值班机工、电子技工及其他负有指定保安职责的船员	100	60
油船和化学品船货物操作基本培训合格证	T01	在油船和化学品船上服务的所有船员	100	60
油船货物操作高级培训合格证	T02	在油船上服务的船长、高级船员、(高级)值班水手机工及其他对油船货物相关操作承担直接责任的船员	100	60
化学品船货物操作高级培训合格证	T03	在化学品船上服务的船长、高级船员、(高级)值班水手机工及其他对化学品船货物相关操作承担直接责任的船员	100	60
液化气船货物操作基本培训合格证	T04	在液化气船上服务的所有船员	100	60
液化气船货物操作高级培训合格证	T05	在液化气船上服务的船长、高级船员、(高级)值班水手机工及其他对液化气船货物相关操作承担直接责任的船员	100	60
客船船员特殊培训合格证	T06	在客船上服务的所有船员	100	60

海船船员培训合格证书的申领条件及有效期　　表 2-4-3

海船船员培训合格证书项目	代号	申领条件	有效期
基本安全培训合格证	Z01	• 年满 16 周岁; • 完成基本安全培训(Z01)并通过考试	5 年

续上表

海船船员培训合格证书项目	代号	申领条件	有效期
精通救生艇筏和救助艇培训合格证	Z02	• 年满18周岁； • 培训前完成基本安全培训(Z01) • 具有不少于6个月的海上服务资历	5年
保安意识培训合格证	Z07	• 培训前完成基本安全培训(Z01)	长期
负有指定保安职责船员培训合格证	Z08	• 培训前完成基本安全培训(Z01)	长期
油船和化学品船货物操作基本培训合格证	T01	• 培训前完成基本安全培训(Z01)	长期
油船货物操作高级培训合格证	T02	• 培训前完成基本安全培训(Z01)； • 完成油船和化学品船货物操作基本培训(T01)； • 具有不少于3个月认可的油船海上服务资历，或完成不少于1个月的油船船上见习及不少于3次装货操作、3次卸货操作	5年
化学品船货物操作高级培训合格证	T03	• 培训前完成基本安全培训(Z01)； • 完成油船和化学品船货物操作基本培训(T01)； • 具有不少于3个月认可的化学品船海上服务资历，或完成不少于1个月的化学品船船上见习及不少于3次装货操作、3次卸货操作	5年
液化气船货物操作基本培训合格证	T04	• 培训前完成基本安全培训(Z01)	长期

续上表

海船船员培训合格证书项目	代号	申领条件	有效期
液化气船货物操作高级培训合格证	T05	•培训前完成基本安全培训(Z01); •完成液化气船货物操作基本培训(T04); •具有不少于3个月认可的液化气船海上服务资历,或完成不少于1个月的液化气船船上见习及不少于3次装货操作、3次卸货操作	5年
客船船员特殊培训合格证	T06	•培训前完成基本安全培训(Z01)	5年

注:上述海船船员培训合格证书有效期截止日期均不超过持证人65周岁生日。

值班机工适任考试理论考试科目及其分数线 表2-4-4

考试科目	试卷代号	船舶航区/等级	总分	及格分数线
值班机工业务	8601	750千瓦及以上	100	60
	8602	未满750千瓦	100	60

值班机工适任考试评估项目 表2-4-5

项目	职务晋升	航区扩大	功率提高
金工工艺	☆		
机工英语听力与会话	☆	☆	
设备拆装与操作	☆★		☆

注:1. 表中标注“☆”的为申请750千瓦及以上船员对应职务和申考形式应参加的评估项目;

2. 表中标注“★”的为申请未满750千瓦船员对应职务和申考形式应参加的评估项目;

3. 表中标注“机工英语听力与会话”仅为无限航区评估项目;

4. 表中功率提高是指沿海航区未满750千瓦船员申请750至3 000千瓦时的评估项目。

二、值班机工晋升高级值班机工的条件

高级值班机工之船员培训合格证之持证要求,与对应航区750千瓦及以船舶之值班机工相同。拟从值班机工晋升至高级值班机工的

船员，须在相应航区750千瓦及以上船舶上担任值班机工满18个月，完成至少2个月高级值班机工岗位适任培训，并通过相应的适任考试，取得合格证明，即可向海事管理机构申请换发《高级值班机工适任证书》。这里，高级值班机工岗位适任培训及其考试包括表2-4-6～表2-4-8中所列理论科目和评估项目，以及要达到的相应要求。

高级值班机工适任考试理论考试科目 表2-4-6

科　目	职务晋升	航区扩大
机工业务	☆	
机工英语	☆	☆

注：沿海航区的高级值班机工免除机工英语理论考试。

高级值班机工适任考试理论考试科目及其分数线 表2-4-7

科　目	试卷代号	船舶航区/等级	总分	及格分数线
高级值班机工业务	8701	无限航区/沿海航区750千瓦及以上	100	60
高级值班机工英语	8801	无限航区750千瓦及以上	100	60

高级值班机工适任考试评估项目 表2-4-8

	职务晋升	航区扩大
金工工艺	☆	
机工英语听力与会话	☆	☆
动力设备操作与管理	☆	

注：1. 表中标注“☆”的为申请750千瓦及以上船员对应职务和申考形式应参加的评估项目；

2. 表中标注“机工英语听力与会话”仅为无限航区评估项目。

第二节　三　管　轮

一、值班机工/高级值班机工晋升三管轮的条件

从值班机工/高级值班机工晋升三管轮，须满足以下条件：

(1)担任值班机工/高级值班机工职务不少于18个月。其中，申请无限航区三管轮的，至少有6个月在国际航行船舶担任相应职务。

(2)完成《高级消防培训》(Z04)、《精通急救培训》(Z05)之培训，通过考试，取得培训合格证。但在未满750千瓦的船舶(特殊类型船

舶除外）上的三管轮，免除精通救生艇筏和救助艇培训（Z02）、高级消防培训（Z04）、精通急救培训（Z05）。此外，在配备快速救助艇的船舶上服务的船长、驾驶员、轮机长、轮机员及其他指定操纵快速救助艇的船员，应持有《精通快速救助艇培训合格证》（Z03）。

（3）完成至少 12 个月的三管轮岗位适任培训（拟至 750 千瓦及以上船舶工作）或 6 个月三管轮岗前培训（拟至未满 750 千瓦船舶工作），并通过三管轮适任考试。

（4）在相应航区相应等级（或者低一航区，或者低一等级）的船舶上，在船长或者合格的高级船员的指导下履行了不少于 6 个月的机舱值班职责。

有关从机工晋升三管轮须增加的合格证培训科目及其考试分值设置如表 2-4-9、表 2-4-10 所示。

海船船员培训合格证适用对象和考试分数线 表 2-4-9

项　　目	试卷代号	适用对象	总分	及格分数线
精通快速救助艇培训合格证	Z03	在配备快速救助艇的船舶上服务的船长、驾驶员、轮机长、轮机员及其他指定操纵快速救助艇的船员	100	60
高级消防培训合格证	Z04	高级消防培训船员	100	60
精通急救培训合格证	Z05	精通急救培训船员	100	60

海船船员培训合格证书的申领条件及其有效期 表 2-4-10

海船船员培训合格证书项目	代号	申领条件	有效期
精通快速救助艇培训合格证	Z03	• 年满 18 周岁； • 培训前完成基本安全培训（Z01）； • 持有精通救生艇筏和救助艇培训合格证（Z02）	5 年
高级消防培训合格证	Z04	• 培训前完成基本安全培训（Z01）	5 年
精通急救培训合格证	Z05	• 培训前完成基本安全培训（Z01）	长期

注：上述海船船员培训合格证书有效期截止日期均不超过持证人 65 周岁生日。

有关晋升三管轮岗位适任考试科目及其考试分值设置如表2-4-11～表2-4-13所示。

三管轮适任考试理论考试科目　　表2-4-11

考试科目	职务晋升	航区扩大	功率提高
主推进动力装置	☆		☆
船舶辅机	☆		☆
船舶电气与自动化	☆		☆
船舶管理	☆	☆	
轮机英语	☆	☆	

注：1. 申请二管轮与申请三管轮适任证书的理论考试科目相同；

2. 沿海航区的三管轮免除轮机英语理论考试。

三管轮适任考试理论考试科目及其分数线　　表2-4-12

科　目	试卷代号	船舶航区/等级	总分	及格分数线
轮机英语	8003	无限航区750千瓦及以上	100	70
主推进动力装置	8203	3 000千瓦及以上	100	70
	8204	750～3 000千瓦	100	70
	8206	未满750千瓦	100	60
船舶辅机	8303	3 000千瓦及以上	100	70
	8304	750～3 000千瓦	100	70
	8306	未满750千瓦	100	60
船舶电气与自动化	8403	3 000千瓦及以上	100	70
	8404	750～3 000千瓦	100	70
	8406	未满750千瓦	100	60
船舶管理	8505	无限航区750千瓦及以上	100	70
	8506	沿海航区750千瓦及以上	100	70
	8509	未满750千瓦	100	60

三管轮适任考试评估项目　　表 2-4-13

项　　目	职务晋升	航区扩大	功率提高
动力设备拆装	☆★		☆
电气与自动控制	☆★		☆
动力设备操作	☆★		☆
船舶电工工艺和电气设备	☆		☆
金工工艺	☆		☆
机舱资源管理	☆		☆
轮机英语听力与会话	☆	☆	

注:1. 申请二管轮与申请三管轮适任证书的评估项目相同;

2. 表中标注“☆”的为申请 750 千瓦及以上船员对应职务和申考形式应参加的评估项目;

3. 表中标注“★”的为申请未满 750 千瓦船员对应职务和申考形式应参加的评估项目;

4. 表中标注“轮机英语听力与会话”、“机工英语听力与会话”仅为无限航区评估项目;

5. 表中功率提高是指沿海航区未满 750 千瓦船员申请 750 至 3 000 千瓦时的评估项目;

6. 申请 3 000 千瓦及以上二、三管轮功率提高仅需通过《电气与自动控制》评估项目。

二、沿海航区三管轮的任职条件

中学毕业以沿海航区三管轮作为其职业起点的,须满足以下条件:

(1)接受不少于 2 年的全日制航海类中职中专及以上教育与培训,或者接受不少于 24 个月三管轮岗前培训。培训的内容包括船员培训合格证之培训和岗位适任培训。

第一类船员培训合格证之培训,其科目包括基本安全培训(Z01)、精通救生艇筏和救助艇培训(Z02)、高级消防培训(Z04)、精通急救培训(Z05)、保安意识培训(Z07)和负有指定保安职责船员培训(Z08)。通过考试,取得培训合格证。但在未满 750 千瓦的船舶(特殊类型船舶除外)上的三管轮,免除精通救生艇筏和救助艇培训(Z02)、高级消防培训(Z04)、精通急救培训(Z05)。此外,在配备快速救助艇的船舶上服务的船长、驾驶员、轮机长、轮机员及其他指定操纵快速救助艇的船员,应持有《精通快速救助艇培训合格证》(Z03)。

第二类为岗位适任培训，包括理论部分科目和实际操作部分项目。

(2)完成全部理论和实践教学内容，并取得学历证明或培训证明。

(3)申请沿海航区三管轮的适任考试，取得相应的成绩证明。

(4)持《基本安全培训合格证》和《海船船员健康证书》，向海事管理机构申请"国内航线"海船船员的注册，取得船员服务簿。

(5)上船前，向海事管理机构申请见习簿开封。

(6)持《培训合格证》、《海船船员健康证书》、船员服务簿和见习簿，到沿海航区相应等级或低一等级的船舶见习12个月。

(7)见习期满，持《培训合格证》(见表054)、适任考试成绩证明、船员服务簿(已签注见习资历)和见习簿，向海事管理机构申请《精通救生艇筏和救助艇培训合格证》(Z02)和《沿海航区三管轮适任证书》。

(8)在特殊船舶(油船、化学品船、液化气船、客船、高速船)上工作的沿海三管轮，除了以上《基本安全培训合格证》(Z01)、《精通救生艇筏和救助艇培训合格证》(Z02)、《高级消防培训培训合格证》(Z04)、《精通急救培训培训合格证》(Z05)、《保安意识培训合格证》(Z07)、《负有指定保安职责船员培训合格证》(Z08)这四项培训合格证外，还须参加相应的特殊培训并通过考试，持有特殊船舶上需要的培训合格证。

以上有关沿海三管轮所需参加培训考试科目和持证要求如表2-4-14～表2-4-16所示。

海船船员培训合格证书相关持证要求 表2-4-14

船舶等级	职务	普通	油船	化学品船	液化气船	客船	高速船
750千瓦及以上	轮机员	Z01、Z02、Z04、Z05、Z07、Z08	Z01、Z02、Z04、Z05、Z07、Z08、T01、T02	Z01、Z02、Z04、Z05、Z07、Z08、T01、T03	Z01、Z02、Z04、Z05、Z07、Z08、T04、T05	Z01、Z02、Z04、Z05、Z07、Z08、T06	Z01、Z02、Z04、Z05、Z07、Z08、T08
未满750千瓦	轮机员	Z01、Z07、Z08	Z01、Z02、Z04、Z05、Z07、Z08、T01、T02	Z01、Z02、Z04、Z05、Z07、Z08、T01、T03	Z01、Z02、Z04、Z05、Z07、Z08、T04、T05	Z01、Z02、Z04、Z05、Z07、Z08、T06	Z01、Z02、Z04、Z05、Z07、Z08、T08

注：未满750千瓦普通船舶上的沿海三管轮，免除《精通救生艇筏和救助艇培训合格证》(Z02)、《高级消防培训培训合格证》(Z04)、《精通急救培训培训合格证》(Z05)、之要求。

海船船员培训合格证考试项目及其分数线　表2-4-15

科　目	试卷代号	适用对象	总分	及格分数线
基本安全培训合格证	Z01	海船上所有船员	100	60
精通救生艇筏和救助艇培训合格证	Z02	精通救生艇筏和救助艇培训船员	100	60
精通快速救助艇培训合格证	Z03	在配备快速救助艇的船舶上服务的船长、驾驶员、轮机长、轮机员及其他指定操纵快速救助艇的船员	100	60
高级消防培训合格证	Z04	高级消防培训船员	100	60
精通急救培训合格证	Z05	精通急救培训船员	100	60
保安意识培训合格证	Z07	海船上所有船员	100	60
负有指定保安职责船员培训合格证	Z08	船长、高级船员、值班水手、值班机工、高级值班水手、高级值班机工、电子技工及其他负有指定保安职责的船员	100	60
油船和化学品船货物操作基本培训合格证	T01	在油船和化学品船上服务的所有船员	100	60
油船货物操作高级培训合格证	T02	在油船上服务的船长、高级船员、(高级)值班水手机工及其他对油船货物相关操作承担直接责任的船员	100	60
化学品船货物操作高级培训合格证	T03	在化学品船上服务的船长、高级船员、(高级)值班水手机工及其他对化学品船货物相关操作承担直接责任的船员	100	60
液化气船货物操作基本培训合格证	T04	在液化气船上服务的所有船员	100	60

续上表

科　目	试卷代号	适用对象	总分	及格分数线
液化气船货物操作高级培训合格证	T05	在液化气船上服务的船长、高级船员、(高级)值班水手机工及其他对液化气船货物相关操作承担直接责任的船员	100	60
客船船员特殊培训合格证	T06	在客船上服务的所有船员	100	60
高速船船员特殊培训合格证(轮机长和轮机员)	T082	在高速船上服务的轮机长、轮机员	100	60

海船船员培训合格证书的申领条件及其有效期　表 2-4-16

科　目	代号	申领条件	有效期
基本安全培训合格证	Z01	• 年满 16 周岁； • 完成基本安全培训(Z01)并通过考试	5 年
精通救生艇筏和救助艇培训合格证	Z02	• 年满 18 周岁； • 培训前完成基本安全培训(Z01)； • 具有不少于 6 个月的海上服务资历	5 年
精通快速救助艇培训合格证	Z03	• 年满 18 周岁； • 培训前完成基本安全培训(Z01)； • 持有精通救生艇筏和救助艇培训合格证(Z02)	5 年
高级消防培训合格证	Z04	• 培训前完成基本安全培训(Z01)	5 年
精通急救培训合格证	Z05	• 培训前完成基本安全培训(Z01)	长期
保安意识培训合格证	Z07	• 培训前完成基本安全培训(Z01)	长期
负有指定保安职责船员培训合格证	Z08	• 培训前完成基本安全培训(Z01)	长期
油船和化学品船货物操作基本培训合格证	T01	• 培训前完成基本安全培训(Z01)	长期

续上表

科　　目	代号	申领条件	有效期
油船货物操作高级培训合格证	T02	●培训前完成基本安全培训(Z01); ●完成油船和化学品船货物操作基本培训(T01); ●具有不少于3个月认可的油船海上服务资历,或完成不少于1个月的油船船上见习及不少于3次装货操作、3次卸货操作	5年
化学品船货物操作高级培训合格证	T03	●培训前完成基本安全培训(Z01); ●完成油船和化学品船货物操作基本培训(T01); ●具有不少于3个月认可的化学品船海上服务资历,或完成不少于1个月的化学品船船上见习及不少于3次装货操作、3次卸货操作	5年
液化气船货物操作基本培训合格证	T04	●培训前完成基本安全培训(Z01)	长期
液化气船货物操作高级培训合格证	T05	●培训前完成基本安全培训(Z01); ●完成液化气船货物操作基本培训(T04); ●具有不少于3个月认可的液化气船海上服务资历,或完成不少于1个月的液化气船船上见习及不少于3次装货操作、3次卸货操作	5年
客船船员特殊培训合格证	T06	●培训前完成基本安全培训(Z01)	5年
高速船船员特殊培训合格证	T08	●培训前完成基本安全培训(Z01); ●初次申请者,不超过45周岁; ●参加培训前应当具有担任船长、驾驶员、轮机长、轮机员职务不少于12个月,或者高速船船上不少于12个月的海上服务资历; ●完成高速船船长、驾驶员、轮机长、轮机员相应职务的不少于1个月或50个单航次的船上见习	5年

注:上述海船船员培训合格证书有效期截止日期均不超过持证人65周岁生日。

有关沿海三管轮岗位适任考试科目及其考试分值设置如表 2-4-17 ~ 表 2-4-19 所示。

沿海三管轮适任考试理论考试科目 表 2-4-17

考试科目	职务晋升	功率提高
主推进动力装置	☆	☆
船舶辅机	☆	☆
船舶电气与自动化	☆	☆
船舶管理	☆	

注:申请二管轮与申请三管轮适任证书的理论考试科目相同。

沿海三管轮适任考试理论考试科目及其分数线 表 2-4-18

科目	试卷代号	船舶航区/等级	总分	及格分数线
主推进动力装置	8203	3 000 千瓦及以上	100	70
	8204	750 ~ 3 000 千瓦	100	70
	8206	未满 750 千瓦	100	60
船舶辅机	8303	3 000 千瓦及以上	100	70
	8304	750 ~ 3 000 千瓦	100	70
	8306	未满 750 千瓦	100	60
船舶电气与自动化	8403	3 000 千瓦及以上	100	70
	8404	750 ~ 3 000 千瓦	100	70
	8406	未满 750 千瓦	100	60
船舶管理	8506	沿海航区 750 千瓦及以上	100	70
	8509	未满 750 千瓦	100	60

沿海三管轮适任考试评估项目 表 2-4-19

项目	职务晋升	航区扩大	功率提高
动力设备拆装	☆★		☆
电气与自动控制	☆★		☆
动力设备操作	☆★		☆

续上表

项　　目	职务晋升	航区扩大	功率提高
船舶电工工艺和电气设备	☆		☆
金工工艺	☆		☆
机舱资源管理	☆		☆

注:1. 申请二管轮与申请三管轮适任证书的评估项目相同;

2. 表中标注“☆”的为申请750千瓦及以上船员对应职务和申考形式应参加的评估项目;

3. 表中标注“★”的为申请未满750千瓦船员对应职务和申考形式应参加的评估项目;

4. 表中功率提高是指沿海航区未满750千瓦船员申请750~3 000千瓦时的评估项目;

5. 申请3 000千瓦及以上二、三管轮功率提高仅需通过《电气与自动控制》评估项目。

三、沿海航区三管轮至无限航区三管轮的条件

申请适任证书航区扩大者,应当持有有效的沿海航区相同船舶等级和职务的适任证书,并实际担任其职务不少于12个月,并完成相应的岗位适任培训;申请适任证书吨位或者功率提高者,应当持有有效地与所申请的吨位或者功率较低一级但航区和职务相同的适任证书,并实际担任其职务满12个月,并完成相应的岗位适任培训。

从沿海航区三管轮至无限航区三管轮,须到沿海航行相应等级或低一级的船舶上工作积累12个月海上资历,再经相应(航区扩大和吨位提高)适任培训和考试。

有关沿海三管轮航区扩大适任考试科目及其考试分值设置如表2-4-20~表2-4-22所示。

三管轮航区扩大功率提高适任考试理论考试科目 表2-4-20

考试科目	航区扩大	功率提高
主推进动力装置		☆
船舶辅机		☆
船舶电气与自动化		☆
船舶管理	☆	
轮机英语	☆	

注:申请二管轮与申请三管轮适任证书的理论考试科目相同。

三管轮航区扩大功率提高适任考试理论考试科目及其分数线 表 2-4-21

科　目	试卷代号	船舶航区/等级	总分	及格分数线
轮机英语	8003	无限航区 750 千瓦及以上	100	70
主推进动力装置	8203	3 000 千瓦及以上	100	70
	8204	750 ~ 3 000 千瓦	100	70
船舶辅机	8303	3 000 千瓦及以上	100	70
	8304	750 ~ 3 000 千瓦	100	70
船舶电气与自动化	8403	3 000 千瓦及以上	100	70
	8404	750 ~ 3 000 千瓦	100	70
船舶管理	8505	无限航区 750 千瓦及以上	100	70

三管轮航区扩大功率提高适任考试评估项目 表 2-4-22

科　目	航区扩大	功率提高
动力设备拆装		☆
电气与自动控制		☆
动力设备操作		☆
船舶电工工艺和电气设备		☆
金工工艺		☆
机舱资源管理		☆
轮机英语听力与会话	☆	

注:1. 申请二管轮与申请三管轮适任证书的评估项目相同;

2. 表中标注"☆"的为申请 750 千瓦及以上船员对应职务和申考形式应参加的评估项目;

3. 表中功率提高是指沿海航区未满 750 千瓦船员申请 750 ~ 3 000 千瓦时的评估项目;

4. 申请 3 000 千瓦及以上二、三管轮功率提高仅需通过《电气与自动控制》评估项目。

四、院校毕业生直接报考无限航区三管轮的条件

所谓院校毕业生有四种情形:

（1）接受全日（2 年）制航海类中职中专教育或者接受 2 年三管轮岗位适任培训，且具有不少于 12 个月海上服务资历；

（2）完成全日制非航海类大专及以上教育，另接受不少于 18 个月三管轮岗位适任培训；

（3）接受全日制（3 年）航海类高职高专教育与培训；

（4）完成全日制航海类本科教育与培训。

院校毕业生在学习期间，除院校的学位教育外，还须接受三管轮岗前培训，培训的内容可分为两类：船员培训合格证之培训和岗位适任培训。

有关船员培训合格证之培训，其科目包括基本安全培训（Z01）、精通救生艇筏和救助艇培训（Z02）、高级消防培训（Z04）、精通急救培训（Z05）、保安意识培训（Z07）和负有指定保安职责船员培训（Z08）。通过考试，取得培训合格证。

在特殊船舶（油船、化学品船、液化气船、客船、高速船）上工作的无限航区三管轮，除了以上《基本安全培训合格证》（Z01）、《精通救生艇筏和救助艇培训合格证》（Z02）、《高级消防培训培训合格证》（Z04）、《精通急救培训培训合格证》（Z05）、《保安意识培训合格证》（Z07）、《负有指定保安职责船员培训合格证》（Z08）这四项培训合格证外，还须参加相应的特殊培训并通过考试，持有特殊船舶上需要的培训合格证。

有关岗位适任培训，又分为理论部分和实际操作部分。学员在校期间，须完成全部三管轮职务相关理论和实践教学内容，并取得学历证明或培训证明。

有关无限航区三管轮所需参加培训考试科目和持证要求如表 2-4-23 ~ 表 2-4-28 所示。

海船船员（三管轮）培训合格证书相关持证要求 表 2-4-23

船舶等级	职务	普通	油船	化学品船	液化气船	客船	高速船
750 千瓦及以上	轮机员	Z01、Z02、Z04、Z05、Z07、Z08	Z01、Z02、Z04、Z05、Z07、Z08、T01、T02	Z01、Z02、Z04、Z05、Z07、Z08、T01、T03	Z01、Z02、Z04、Z05、Z07、Z08、T04、T05	Z01、Z02、Z04、Z05、Z07、Z08、T06	Z01、Z02、Z04、Z05、Z07、Z08、T08

海船船员培训合格证考试项目及其分数线　　表 2-4-24

科目	试卷代号	适用对象	总分	及格分数线
基本安全培训合格证	Z01	海船上所有船员	100	60
精通救生艇筏和救助艇培训合格证	Z02	精通救生艇筏和救助艇培训船员	100	60
精通快速救助艇培训合格证	Z03	在配备快速救助艇的船舶上服务的船长、驾驶员、轮机长、轮机员及其他指定操纵快速救助艇的船员	100	60
高级消防培训合格证	Z04	高级消防培训船员	100	60
精通急救培训合格证	Z05	精通急救培训船员	100	60
保安意识培训合格证	Z07	海船上所有船员	100	60
负有指定保安职责船员培训合格证	Z08	船长、高级船员、值班水手、值班机工、高级值班水手、高级值班机工、电子技工及其他负有指定保安职责的船员	100	60
油船和化学品船货物操作基本培训合格证	T01	在油船和化学品船上服务的所有船员	100	60
过渡期油船、化学品船货物操作基本培训（化补油）	T012	仅持有旧版化学品船船员特殊培训（安全知识）合格证的船员	100	60
油船货物操作高级培训合格证	T02	在油船上服务的船长、高级船员、（高级）值班水手机工及其他对油船货物相关操作承担直接责任的船员	100	60
化学品船货物操作高级培训合格证	T03	在化学品船上服务的船长、高级船员、（高级）值班水手机工及其他对化学品船货物相关操作承担直接责任的船员	100	60

续上表

科　　目	试卷代号	适 用 对 象	总分	及格分数线
液化气船货物操作基本培训合格证	T04	在液化气船上服务的所有船员	100	60
液化气船货物操作高级培训合格证	T05	在液化气船上服务的船长、高级船员、(高级)值班水手机工及其他对液化气船货物相关操作承担直接责任的船员	100	60
客船船员特殊培训合格证	T06	在客船上服务的所有船员	100	60
高速船船员特殊培训合格证(轮机长和轮机员)	T082	在高速船上服务的轮机长、轮机员	100	60

海船船员培训合格证书的申领条件及其有效期　表 2-4-25

科　　目	代号	申 领 条 件	有效期
基本安全培训合格证	Z01	• 年满 16 周岁； • 完成基本安全培训(Z01)并通过考试	5 年
精通救生艇筏和救助艇培训合格证	Z02	• 年满 18 周岁； • 培训前完成基本安全培训(Z01)； • 具有不少于 6 个月的海上服务资历	5 年
精通快速救助艇培训合格证	Z03	• 年满 18 周岁； • 培训前完成基本安全培训(Z01)； • 持有精通救生艇筏和救助艇培训合格证(Z02)	5 年
高级消防培训合格证	Z04	• 培训前完成基本安全培训(Z01)	5 年
精通急救培训合格证	Z05	• 培训前完成基本安全培训(Z01)	长期
保安意识培训合格证	Z07	• 培训前完成基本安全培训(Z01)	长期
负有指定保安职责船员培训合格证	Z08	• 培训前完成基本安全培训(Z01)	长期

续上表

科　目	代号	申领条件	有效期
油船和化学品船货物操作基本培训合格证	T01	• 培训前完成基本安全培训(Z01)	长期
油船货物操作高级培训合格证	T02	• 培训前完成基本安全培训(Z01); • 完成油船和化学品船货物操作基本培训(T01); • 具有不少于3个月认可的油船海上服务资历,或完成不少于1个月的油船船上见习及不少于3次装货操作、3次卸货操作	5年
化学品船货物操作高级培训合格证	T03	• 培训前完成基本安全培训(Z01); • 完成油船和化学品船货物操作基本培训(T01); • 具有不少于3个月认可的化学品船海上服务资历,或完成不少于1个月的化学品船船上见习及不少于3次装货操作、3次卸货操作	5年
液化气船货物操作基本培训合格证	T04	• 培训前完成基本安全培训(Z01)	长期
液化气船货物操作高级培训合格证	T05	• 培训前完成基本安全培训(Z01); • 完成液化气船货物操作基本培训(T04); • 具有不少于3个月认可的液化气船海上服务资历,或完成不少于1个月的液化气船船上见习及不少于3次装货操作、3次卸货操作	5年
客船船员特殊培训合格证	T06	• 培训前完成基本安全培训(Z01)	5年
高速船船员特殊培训合格证	T08	• 培训前完成基本安全培训(Z01); • 初次申请者,不超过45周岁; • 参加培训前应当具有担任船长、驾驶员、轮机长、轮机员职务不少于12个月,或者高速船船上不少于12个月的海上服务资历; • 完成高速船船长、驾驶员、轮机长、轮机员相应职务的不少于1个月或50个单航次的船上见习	5年

注:上述海船船员培训合格证书有效期截止日期均不超过持证人65周岁生日。

无限航区二/三管轮适任考试理论考试科目　表 2-4-26

考 试 科 目	职务晋升	功率提高
主推进动力装置	☆	☆
船舶辅机	☆	☆
船舶电气与自动化	☆	☆
船舶管理	☆	
轮机英语	☆	

注:申请二管轮与申请三管轮适任证书的理论考试科目相同。

无限航区二/三管轮适任考试理论考试科目及其分数线　表 2-4-27

科　　目	试卷代号	船舶航区/等级	总分	及格分数线
轮机英语	8003	无限航区 750 千瓦及以上	100	70
主推进动力装置	8203	3 000 千瓦及以上	100	70
	8204	750 ~ 3 000 千瓦	100	70
船舶辅机	8303	3 000 千瓦及以上	100	70
	8304	750 ~ 3 000 千瓦	100	70
船舶电气与自动化	8403	3 000 千瓦及以上	100	70
	8404	750 ~ 3 000 千瓦	100	70
船舶管理	8505	无限航区 750 千瓦及以上	100	70

无限航区二/三管轮适任考试评估项目　表 2-4-28

评 估 项 目	职务晋升	功率提高
动力设备拆装	☆	☆
电气与自动控制	☆	☆
动力设备操作	☆	☆
船舶电工工艺和电气设备	☆	☆
金工工艺	☆	☆
机舱资源管理	☆	☆
轮机英语听力与会话	☆	

注:1. 申请二管轮与申请三管轮适任证书的评估项目相同;

2. 表中标注"☆"的为申请 750 千瓦及以上船员对应职务和申考形式应参加的评估项目;

3. 表中功率提高是指沿海航区未满 750 千瓦船员申请 750 至 3 000 千瓦时的评估项目;

4. 申请 3 000 千瓦及以上二、三管轮功率提高仅需通过《电气与自动控制》评估项目。

第三节 二 管 轮

从三管轮晋升至二管轮,不需经过岗位适任培训,只需其在相应等级船舶上担任三管轮职务的海上服务资历累计满 18 个月(对于无限航区轮机员,其中担任无限航区三管轮须至少 6 个月),且任职安全记录良好,即可持《服务簿》、《培训合格证》和《海船船员健康证书》向海事管理机构申请换发相应的二管轮适任证书。

此外,在部分经认可的教育质量及管理良好的航海类本科院校里,完成 4 年制航海类本科教育与培训,可以直接申考二管轮,其岗前培训内容、考试科目都与三管轮相同。通过相应的考试并取得 12 个月海上见习资历的,可以申领二管轮适任证书。

第四节 大 管 轮

二管轮晋升大管轮的条件:海上服务资历须在参加岗位适任培训前取得。

(1)在相应等级上担任二管轮职务累计 12 个月(拟升任无限航区大管轮,须担任无限航区二管轮职务至少 6 个月),且任职安全记录良好;

(2)参加大管轮岗位适任培训(拟在 750 千瓦及以上船舶上任职为 3 个月、在未满 750 千瓦船舶上任职为 1 个月);

(3)申请大管轮考试,成绩合格;

(4)上船前向海事管理机构申请见习记录簿开封;

(5)在相应航区相应等级或低一等级的船舶上见习 3 个月;

(6)向海事管理机构申请换发大管轮适任证书。

在二管轮持证基础上,大管轮须增加的培训考试科目如表 2-4-29 ~ 表 2-4-31 所示。

大管轮适任考试理论考试科目 表 2-4-29

考试科目	职务晋升	航区扩大	功率提高
主推进动力装置	☆		☆
船舶辅机	☆		☆
船舶电气与自动化	☆		☆
船舶管理	☆	☆	
轮机英语	☆	☆	

注:沿海航区的大管轮免除英语理论考试。

大管轮适任考试理论考试科目及其分数线　　表 2-4-30

科　　目	试卷代号	船舶航区/等级	总分	及格分数线
轮机英语	8002	无限航区 750 千瓦及以上	100	70
主推进动力装置	8201	3 000 千瓦及以上	100	70
	8202	750～3 000 千瓦	100	70
	8205	未满 750 千瓦	100	60
船舶辅机	8301	3 000 千瓦及以上	100	70
	8302	750～3 000 千瓦	100	70
	8305	未满 750 千瓦	100	60
船舶电气与自动化	8401	3 000 千瓦及以上	100	70
	8402	750～3 000 千瓦	100	70
	8405	未满 750 千瓦	100	60
船舶管理	8503	无限航区 750 千瓦及以上	100	70
	8504	沿海航区 750 千瓦及以上	100	70
	8508	未满 750 千瓦	100	60

大管轮适任考试评估项目　　表 2-4-31

评 估 项 目	职务晋升	航区扩大	功率提高
动力装置测试分析与操作	☆		☆
动力设备拆装	☆★		☆
电气与自动控制	☆		☆
金工工艺			☆
机舱资源管理	☆		☆
轮机英语听力与会话	☆	☆	

注：1. 表中标注“☆”的为申请 750 千瓦及以上船员对应职务和申考形式应参加的评估项目；

2. 表中标注“★”的为申请未满 750 千瓦船员对应职务和申考形式应参加的评估项目；

3. 表中标注“轮机英语听力与会话”仅为无限航区评估项目；

4. 表中功率提高是指沿海航区未满 750 千瓦船员申请 750 至 3 000 千瓦时的评估项目；

5. 申请 3 000 千瓦及以上大管轮功率提高仅需通过《动力装置测试分析与操作》和《电气与自动控制》评估项目。

第五节　轮　机　长

大管轮晋升轮机长的条件:海上服务资历须在参加岗位适任培训前取得。

(1)在相应等级上担任大管轮职务累计 18 个月(拟升任无限航区轮机长,须担任无限航区大管轮职务至少 6 个月),且任职安全记录良好;

(2)参加轮机长岗位适任培训(拟在 750 千瓦及以上船舶上任职为 3 个月、在未满 750 千瓦船舶上任职为 1 个月);

(3)申请轮机长考试,成绩合格;

(4)上船前向海事管理机构申请见习记录簿开封;

(5)在相应航区相应等级的船舶上见习 3 个月;

(6)向海事管理机构申请换发轮机长适任证书。

在大管轮持证要求基础上,轮机长所须增加的培训考试科目如表 2-4-32 ~ 表 2-4-34 所示。

轮机长适任考试理论考试科目　　表 2-4-32

考试科目	职务晋升	航区扩大	功率提高
船舶管理	☆	☆	
轮机英语	☆	☆	
船舶动力装置	☆		☆

注:沿海航区的轮机长免除英语理论考试。

轮机长适任考试理论考试科目及其分数线　　表 2-4-33

科　目	试卷代号	适用对象	总分	及格分数线
轮机英语	8001	无限航区 750 千瓦及以上	100	70
船舶动力装置	8101	3 000 千瓦及以上	100	70
	8102	750 ~ 3 000 千瓦	100	70
	8103	未满 750 千瓦	100	60
船舶管理	8501	无限航区 750 千瓦及以上	100	70
	8502	沿海航区 750 千瓦及以上	100	70
	8507	未满 750 千瓦	100	60

轮机长适任考试评估项目 表 2-4-34

评估项目	职务晋升	航区扩大	功率提高
轮机模拟器	☆		☆
动力装置测试分析与操作			☆
动力设备拆装			☆
电气与自动控制			☆
金工工艺			☆
机舱资源管理	☆		☆
轮机英语听力与会话	☆	☆	

注:1. 表中标注“☆”的为申请750千瓦及以上船员对应职务和申考形式应参加的评估项目;

2. 表中标注“轮机英语听力与会话”仅为无限航区评估项目;

3. 表中功率提高是指沿海航区未满750千瓦船员申请750至3 000千瓦时的评估项目;

4. 申请3 000千瓦及以上轮机长功率提高仅需通过《轮机模拟器》评估项目。

第六节 电子电气员和电工技工

电子电气员和电工技工属于船舶上轮机部门人员。持有电子电气员和电工技工适任证书的适用于主推进动力装置750千瓦及以上船舶任职。

一、电子技工任职的条件

(1)电子技工报考条件:年龄16周岁以上,满足《海船船员健康检查要求》规定的健康条件。

(2)参加为期至少4个月电子技工岗前培训。岗前培训分为两类培训:

第一类为船员培训合格证之培训,其科目包括基本安全培训(Z01)、精通救生艇筏和救助艇培训(Z02)、保安意识培训(Z07)和负有指定保安职责船员培训(Z08)。

第二类为岗位适任培训,理论部分科目(电子技工业务、电子技工英语);实际操作部分项目为电子技工实际操作、电子技工英语听力与会话。

(3)考试合格,取得《基本安全培训合格证》(Z01)、《保安意识培训合格证》(Z07)、《负有指定保安职责船员培训合格证》(Z08)和《电子技工岗位培训合格证》。

(4)持《基本安全培训合格证》(Z01)和《海船船员健康证书》,向海事管理机构申请船员注册,取得船员服务簿。

(5)持《基本安全培训合格证》(Z01)、《保安意识培训合格证》(Z07)、《负有指定保安职责船员培训合格证》(Z08)和船员服务簿,到船舶上担任见习电子技工 6 个月,其中至少应有 3 个月是在船上合格的高级船员或者合格的支持级船员的直接监督之下履行了值班职责。

(6)持《基本安全培训合格证》(Z01)、《保安意识培训合格证》(Z07)、《负有指定保安职责船员培训合格证》(Z08)和船员服务簿(已签注见习资历),向海事管理机构申请《精通救生艇筏和救助艇培训合格证》(Z02)(申请该证书时须年满 18 周岁)和《电子技工适任证书》。

(7)持《基本安全培训合格证》(Z01)、《精通救生艇筏和救助艇培训合格证》(Z02)、《保安意识培训合格证》(Z07)、《负有指定保安职责船员培训合格证》(Z08)、《海船船员健康证书》、船员服务簿和《电子技工适任证书》到船舶上担任电子技工职务。

(8)在特殊船舶(油船、化学品船、液化气船、客船、高速船)上工作的电子技工,除了以上《基本安全培训合格证》(Z01)、《精通救生艇筏和救助艇培训合格证》(Z02)、《保安意识培训合格证》(Z07)、《负有指定保安职责船员培训合格证》(Z08)这四项培训合格证外,还须参加相应的特殊培训并通过考试,持有特殊船舶上需要的培训合格证。

(9)电子机工任职年龄 18 周岁(在船实习、实习年满 16 周岁)。

有关电子技工所需参加培训考试科目和持证要求如表 2-4-35 ~ 表 2-4-40 所示。

海船船员培训合格证书相关持证要求 表 2-4-35

船舶等级	职务	普通	油船	化学品船	液化气船	客船	高速船
750 千瓦及以上	电子技工	Z01、Z02、Z07、Z08	Z01、Z02、Z07、Z08、T01	Z01、Z02、Z07、Z08、T01	Z01、Z02、Z07、Z08、T04	Z01、Z02、Z07、Z08、T06	Z01、Z02、Z07、Z08

海船船员培训合格证适用对象和考试分数线　　表 2-4-36

项　　目	试卷代号	适 用 对 象	总分	及格分数线
基本安全培训合格证	Z01	海船上所有船员	100	60
精通救生艇筏和救助艇培训合格证	Z02	精通救生艇筏和救助艇培训船员	100	60
保安意识培训合格证	Z07	海船上所有船员	100	60
负有指定保安职责船员培训合格证	Z08	船长、高级船员、值班水手、值班机工、高级值班水手、高级值班机工、电子技工及其他负有指定保安职责的船员	100	60
油船和化学品船货物操作基本培训合格证	T01	在油船和化学品船上服务的所有船员	100	60
过渡期油船、化学品船货物操作基本培训(化补油)	T012	仅持有旧版化学品船船员特殊培训(安全知识)合格证的船员	100	60
液化气船货物操作基本培训合格证	T04	在液化气船上服务的所有船员	100	60
客船船员特殊培训合格证	T06	在客船上服务的所有船员	100	60

海船船员培训合格证书的申领条件及有效期　　表 2-4-37

海船船员培训合格证书项目	代码	申 领 条 件	有效期
基本安全培训合格证	Z01	• 年满 16 周岁； • 完成基本安全培训(Z01)并通过考试	5 年
精通救生艇筏和救助艇培训合格证	Z02	• 年满 18 周岁； • 培训前完成基本安全培训(Z01)； • 具有不少于 6 个月的海上服务资历	5 年
保安意识培训合格证	Z07	• 培训前完成基本安全培训(Z01)	长期

续上表

海船船员培训合格证书项目	代码	申 领 条 件	有效期
负有指定保安职责船员培训合格证	Z08	●培训前完成基本安全培训(Z01)	长期
油船和化学品船货物操作基本培训合格证	T01	●培训前完成基本安全培训(Z01)	长期
液化气船货物操作基本培训合格证	T04	●培训前完成基本安全培训(Z01)	长期
客船船员特殊培训合格证	T06	●培训前完成基本安全培训(Z01)	5 年

注:上述海船船员培训合格证书有效期截止日期均不超过持证人 65 周岁生日。

电子技工适任考试理论考试科目 表 2-4-38

科 目	职务晋升	航区扩大
电子技工业务	☆	
电子技工英语	☆	☆

注:申请沿海航区电子技工适任证书的免除“电子技工英语”考试科目。

电子技工适任考试理论考试科目及其分数线 表 2-4-39

科 目	试卷代号	船舶航区/等级	总分	及格分数线
电子技工业务	7601	无限航区 750 千瓦及以上	100	60
	7602	沿海航区 750 千瓦及以上	100	60
电子技工英语	7801	无限航区 750 千瓦及以上	100	60

电子技工适任考试评估项目 表 2-4-40

评 估 项 目	职务晋升	航区扩大
电子技工实际操作	☆	
电子技工英语听力与会话	☆	☆

注:申请沿海航区电子技工适任证书的免除“电子技工英语听力与会话”评估项目。

二、电子电气员任职的条件

电子电气员可以从电子技工晋升而来,也可以从院校毕业生直接报考而来,其任职条件有所不同。

电子技工晋升电子电气员的,须满足以下条件:

(1)担任电子技工满 18 个月;

(2)完成相应的电子电气员岗位适任培训(12 个月);

(3)完成高级消防培训(Z04)、精通急救培训(Z05);

(4)通过电子电气员适任考试;

(5)在相应等级的船舶上完成不少于 6 个月的船上见习;

(6)向海事管理机构申请换发电子电气员适任证书。

电子电气员的报考条件:

(1)接受不少于 2 年的全日制航海类中职中专及以上教育的学生或者接受不少于 2 年电子电气员岗位适任培训的学员,完成全部理论和实践教学内容后,可以相应地申请沿海航区电子电气员的适任考试;或者具有不少于 12 个月的海上服务资历后,可以相应地申请无限航区电子电气员适任考试。

(2)接受全日制航海类高职高专及以上教育的学生,或者完成全日制非航海类大专及以上教育并接受不少于 18 个月电子电气员岗位适任培训的学员,完成全部理论和实践教学内容后,可以相应地申请无限航区电子电气员的适任考试。

院校毕业生在学习期间,除院校的学位教育外,还须接受电子电气员岗前培训,培训的内容可分为两类:船员培训合格证之培训和岗位适任培训。

有关船员培训合格证之培训,其科目包括基本安全培训(Z01)、精通救生艇筏和救助艇培训(Z02)、高级消防培训(Z04)、精通急救培训(Z05)、保安意识培训(Z07)和负有指定保安职责船员培训(Z08)。通过考试,取得培训合格证。

在特殊船舶(油船、化学品船、液化气船、客船、高速船)上工作的无限航区电子电气员,除了以上《基本安全培训合格证》(Z01)、《精通救生艇筏和救助艇培训合格证》(Z02)、《高级消防培训培训合格证》(Z04)、《精通急救培训培训合格证》(Z05)、《保安意识培训合格证》(Z07)、《负有指定保安职责船员培训合格证》(Z08)这四项培训合格证外,还须参加相应的特殊培训并通过考试,持有特殊船舶上需要的培训合格证。

有关岗位适任培训,又分为理论部分和实际操作部分。学员在校期间，须完成全部电子电气员职务相关理论和实践教学内容，并取得学历证明或培训证明。

院校学员完成全部理论和实践教学内容后，取得学历证明或培训证明，申请电子电气员的适任考试，取得相应的成绩证明；

学员持《基本安全培训合格证》（Z01）、《适任考试成绩证明》和《海船船员健康证书》，向海事管理机构申请船员注册，取得船员服务簿；

上船前，向海事管理机构申请见习簿开封；

学员持《培训合格证》（表081）、《海船船员健康证书》、船员服务簿和见习簿，到相应等级的船舶上见习12个月；

见习期满，持《培训合格证》、适任考试成绩证明、船员服务簿（已签注见习资历）和见习簿，向海事管理机构申请《精通救生艇筏和救助艇培训合格证》（Z02）、《电子电气员适任证书》，即可到船舶担任电子电气员。

有关电子电气员所需参加培训考试科目和持证要求如表2-4-41～表2-4-46所示。

海船船员培训合格证书相关持证要求 表2-4-41

船舶等级	职务	普通	油船	化学品船	液化气船	客船	高速船
750千瓦及以上	电子电气员	Z01、Z02、Z04、Z05、Z07、Z08	Z01、Z02、Z04、Z05、Z07、Z08、T01	Z01、Z02、Z04、Z05、Z07、Z08、T01	Z01、Z02、Z04、Z05、Z07、Z08、T04	Z01、Z02、Z04、Z05、Z07、Z08、T06	Z01、Z02、Z04、Z05、Z07、Z08

海船船员培训合格证考试项目及其分数线 表2-4-42

科 目	试卷代号	适用对象	总分	及格分数线
基本安全培训合格证	Z01	海船上所有船员	100	60
精通救生艇筏和救助艇培训合格证	Z02	精通救生艇筏和救助艇培训船员	100	60
高级消防培训合格证	Z04	高级消防培训船员	100	60
精通急救培训合格证	Z05	精通急救培训船员	100	60
保安意识培训合格证	Z07	海船上所有船员	100	60

续上表

科　　目	试卷代号	适 用 对 象	总分	及格分数线
负有指定保安职责船员培训合格证	Z08	船长、高级船员、值班水手、值班机工、高级值班水手、高级值班机工、电子技工及其他负有指定保安职责的船员	100	60
油船和化学品船货物操作基本培训合格证	T01	在油船和化学品船上服务的所有船员	100	60
液化气船货物操作基本培训合格证	T04	在液化气船上服务的所有船员	100	60
客船船员特殊培训合格证	T06	在客船上服务的所有船员	100	60

海船船员培训合格证书的申领条件及其有效期　表 2-4-43

科　　目	代号	申 领 条 件	有效期
基本安全培训合格证	Z01	• 年满 16 周岁； • 完成基本安全培训（Z01）并通过考试	5 年
精通救生艇筏和救助艇培训合格证	Z02	• 年满 18 周岁； • 培训前完成基本安全培训（Z01）； • 具有不少于 6 个月的海上服务资历	5 年
高级消防培训合格证	Z04	• 培训前完成基本安全培训（Z01）	5 年
精通急救培训合格证	Z05	• 培训前完成基本安全培训（Z01）	长期
保安意识培训合格证	Z07	• 培训前完成基本安全培训（Z01）	长期
负有指定保安职责船员培训合格证	Z08	• 培训前完成基本安全培训（Z01）	长期
油船和化学品船货物操作基本培训合格证	T01	• 培训前完成基本安全培训（Z01）	长期

续上表

科　　目	代号	申 领 条 件	有效期
液化气船货物操作基本培训合格证	T04	• 培训前完成基本安全培训（Z01）	长期
客船船员特殊培训合格证	T06	• 培训前完成基本安全培训（Z01）	5 年

注:上述海船船员培训合格证书有效期截止日期均不超过持证人 65 周岁生日。

电子电气员适任考试理论考试科目　　表 2-4-44

考 试 科 目	职务晋升	航区扩大
船舶电气	☆	
船舶机舱自动化	☆	
船舶管理	☆	☆
信息技术与通信导航系统	☆	
电子电气员英语	☆	☆

注:申请沿海航区电子电气员适任证书的免除“电子电气员英语”考试科目。

电子电气员适任考试理论考试科目及其分数线　表 2-4-45

科　　目	代号	船舶航区/等级	总分	及格分数线
船舶电气	7101	750 千瓦及以上	100	70
船舶机舱自动化	7201	750 千瓦及以上	100	70
信息技术与通信导航系统	7301	750 千瓦及以上	100	70
船舶管理	7401	无限航区 750 千瓦及以上	100	70
	7402	沿海航区 750 千瓦及以上	100	70
电子员英语	7001	无限航区 750 千瓦及以上	100	70

电子电气员适任考试评估项目　　表 2-4-46

评 估 项 目	职务晋升	航区扩大
船舶电站操作与维护	☆	
船舶电子电气管理与工艺	☆	
通信与导航设备维护	☆	
计算机与自动化	☆	
船舶电子电气员英语听力与会话	☆	☆

注:申请沿海航区电子电气员适任证书的免除“船舶电子电气员英语听力与会话”评估项目。

第七节　客船上的任职

一、轮机部人员客船上任职的共同条件

在客船上任职的所有船员，都应当持有客船船员特殊培训合格证（T06）。此外，在两港间航程50海里及以上的客船上服务的轮机员和轮机长，应当持有适用于相应航区3 000千瓦及以上船舶的适任证书。

二、轮机长/轮机员客船上任职的海上资历条件

初次申请适用于两港间航程50海里及以上客船轮机长、轮机员适任证书者，应当在其他种类的3 000千瓦及以上海船上担任相应职务满12个月，任职表现和安全记录良好，并在客船上任相应见习职务3个月。

通过三管轮适任考试者，在客船上完成规定的18个月船上见习，任职表现和安全记录良好，可以申请适用于客船的三管轮适任证书。

第八节　适任证书的再有效

持有轮机部高级船员适任证书者在证书有效期内，满足下列条件之一，并经过与其职务相适应的知识更新培训，可以在适任证书有效期届满前12个月内，向有相应管理权限的海事管理机构申请适任证书再有效。

（1）从申请之日起向前计算5年内，具有与其适任证书所记载范围相应的不少于12个月的海上服务资历，且任职表现和安全记录良好；

（2）从申请之日起向前计算6个月内，具有与其适任证书所记载范围相应的累计不少于3个月的海上服务资历，且任职表现和安全记录良好。

未满足上述规定的轮机部高级船员，申请适任证书再有效的，应当符合下列规定：

（1）未满足上述（1）、（2）项规定，或者适任证书过期5年以内的，应当参加模拟器培训和知识更新培训，并通过相应的抽查项目的评估；

(2)适任证书过期5年及以上、10年以下的,应当参加模拟器培训和知识更新培训,并通过相应的抽查科目的理论考试和项目的评估;

(3)适任证书过期10年及以上的,应当参加模拟器培训和知识更新培训,通过相应的抽查科目的理论考试和项目的评估,并在适任证书记载的相应航区、等级范围内按照《船上见习记录簿》规定完成不少于3个月的船上见习。

申请适任证书再有效抽考的理论考试科目和评估项目可参见表2-4-47。

轮机部高级船员适任证书再有效抽考理论考试科目和评估项目 表2-4-47

理论考试和评估项目 \ 职务		轮机长	大管轮	二/三管轮	电子电气员
轮机长及轮机员	主推进动力装置		☆★	☆★	
	船舶辅机			☆	
	船舶电气与自动化		☆		
	船舶管理	☆★		☆	
	轮机模拟器	☆			
	动力装置测试分析与操作		☆		
	动力设备拆装		★	☆★	
	动力设备操作			☆★	
	机舱资源管理	☆	☆	☆	
电子电气员	船舶电气				☆
	船舶管理				☆
	船舶电站操作与维护				☆
	船舶电子电气管理与工艺				☆

注:1. 表中标注"☆"的为申请750千瓦及以上船员对应职务的理论考试科目和评估项目;

2. 表中标注"★"的为申请未满750千瓦船员对应职务的理论考试科目和评估项目。

第五章　无线电操作人员

GMDSS 系统证书共有四类，分别是一、二级无线电电子员证书、通用操作员证书和限用操作员证书。持有一级无线电电子员证书的人员，可在 A1、A2、A3、A4 航区的船舶上任职；持有二级无线电电子员证书的人员，可在 A1、A2、A3 航区的船上任职；持有通用操作员证书的人员只能在 A2、A1 航区船舶上任职；持有限用操作员证书的人员则只能在 A1 航区船舶上任职。

二级无线电电子员可在 A1、A2、A3 航区船舶上任职。

一、任职条件

有关 GMDSS 操作员适任证书的培训、海上任职资历和适任考试的理论考试科目和评估项目的具体要求见表 2-5-1 ~ 表 2-5-3。

无线电操作人员申请海船适任证书的要求　　表 2-5-1

GMDSS 操作员	专业培训合格证之培训及持证要求	岗位适任培训和适任考试	海上服务资历
GMDSS 限用操作员	基本安全培训（Z01）、保安意识培训（Z07）和负有指定保安职责船员的培训（Z08），但在特殊类型船舶上任职，还须完成精通救生艇筏和救助艇培训（Z02）、精通急救培训（Z05）	完成 GMDSS 限用操作员岗位适任培训（不少于 15 天）并通过适任考试	
GMDSS 通用操作员	基本安全培训（Z01）、精通救生艇筏和救助艇培训（Z02）、精通急救培训（Z05）、保安意识培训（Z07）和负有指定保安职责船员的培训（Z08）	完成 GMDSS 通用操作员岗位适任培训（不少于 1 个月）并通过适任考试	

续上表

GMDSS 操作员	专业培训合格证之培训及持证要求	岗位适任培训和适任考试	海上服务资历
GMDSS 二级无线电电子员	基本安全培训(Z01)、精通救生艇筏和救助艇培训(Z02)、精通急救培训(Z05)、保安意识培训(Z07)和负有指定保安职责船员的培训(Z08)	完成 GMDSS 二级无线电电子员岗位适任培训并通过适任考试	担任 GMDSS 通用操作员满12 个月
GMDSS 一级无线电电子员	基本安全培训(Z01)、精通救生艇筏和救助艇培训(Z02)、精通急救培训(Z05)、保安意识培训(Z07)和负有指定保安职责船员的培训(Z08)	完成 GMDSS 一级无线电电子员岗位适任培训并通过适任考试	担任 GMDSS 二级无线电电子员满 18 个月

注:在客船上任职的无线电操作人员,还应当持有客船船员特殊培训合格证(T06)。

无线电操作人员适任考试科(项)目 表 2-5-2

科目 \ 申考职务		GMDSS 限用操作员	GMDSS 通用操作员	二级无线电电子员	一级无线电电子员
理论考试科目	GMDSS 英语阅读		☆	☆	☆
	GMDSS 综合业务	☆	☆	☆	☆
评估项目	GMDSS 设备操作与维护			☆	☆
	GMDSS 设备操作	☆	☆		
	通信英语听力与会话		☆	☆	☆
	键盘操作	☆	☆		

无线电操作人员适任考试理论考试科目及其分数线 表 2-5-3

科目	试卷代号	适用对象	总分	及格分数线
GMDSS 英语	1003	GMDSS 通用操作员	100	60
GMDSS 综合业务	1013	GMDSS 通用操作员	100	60
GMDSS 综合业务	1014	GMDSS 限用操作员	100	60

二、适任证书的再有效

持有无线电操作船员适任证书者在证书有效期内,满足下列条件之一,并经过与其职务相适应的知识更新培训,可以在适任证书有效期届满前12个月内,向有相应管理权限的海事管理机构申请适任证书再有效。

(1)从申请之日起向前计算5年内,具有与其适任证书所记载范围相应的不少于12个月的海上服务资历,且任职表现和安全记录良好;

(2)从申请之日起向前计算6个月内,具有与其适任证书所记载范围相应的累计不少于3个月的海上服务资历,且任职表现和安全记录良好。

未满足上述规定的无线电操作人员,申请适任证书再有效的,应当符合下列规定:

(1)未满足上述(1)、(2)项规定,或者适任证书过期5年以内的,应当参加模拟器培训和知识更新培训,并通过相应的抽查项目的评估;

(2)适任证书过期5年及以上10年以下的,应当参加模拟器培训和知识更新培训,并通过相应的抽查科目的理论考试和项目的评估;

(3)适任证书过期10年及以上的,应当参加模拟器培训和知识更新培训,通过相应的抽查科目的理论考试和项目的评估,并在适任证书记载的相应航区、等级范围内按照《船上见习记录簿》规定完成不少于3个月的船上见习。

申请适任证书再有效抽考的理论考试科目和评估项目可参见表2-5-4。

适任证书再有效抽考理论考试科目和评估项目 表2-5-4

职务 理论考试和评估项目	无线电操作人员
GMDSS 综合业务	☆
GMDSS 设备操作	☆
通信英语听力与会话	☆

第六章　非值班船员

一、非值班船员任职的共同条件

非值班船员有非值班的水手、机工、厨师、服务员等，在船上任职都应当满足以下条件：

(1)非值班船员的报考条件：年龄16周岁以上，满足《海船船员健康检查要求》规定的健康条件。

(2)参加基本安全培训(Z01)、保安意识培训(Z07)，通过考试，取得《基本安全培训合格证》(Z01)、《保安意识培训合格证》(Z07)；拟在国际航行船舶上任职的，还须参加《国际航行船舶船员专业英语》培训和考试，取得相应合格证明。

(3)持《基本安全培训合格证》(Z01)和《海船船员健康证书》，向海事管理机构申请船员注册，取得船员服务簿。

(4)持《基本安全培训合格证》(Z01)、《保安意识培训合格证》(Z07)、《海船船员健康证书》、船员服务簿，就可以在非值班船员岗位任职。

(5)非值班船员拟在特殊船舶(油船、化学品船、液化气船、客船、高速船)上工作的，除持有以上《基本安全培训合格证》(Z01)、《保安意识培训合格证》(Z07)这二项培训合格证外，还须参加相应的特殊培训并通过考试，持有特殊船舶上需要的培训合格证。

(6)非值班船员任职年龄为年满18周岁(在船实习、见习人员年满16周岁)。

有关非值班船员所需参加培训合格证之培训和考试要求如表2-6-1～表2-6-3所示。

海船船员培训合格证书相关持证要求　　表2-6-1

职务	普通	油船	化学品船	液化气船	客船	高速船
非值班船员	Z01、Z07	Z01、Z07、T01	Z01、Z07、T01	Z01、Z07、T04	Z01、Z07、T06	Z01、Z07

海船船员培训合格证考试项目及其分数线 表 2-6-2

科　目	试卷代号	适用对象	总分	及格分数线
基本安全培训合格证	Z01	海船上所有船员	100	60
保安意识培训合格证	Z07	海船上所有船员	100	60
油船和化学品船货物操作基本培训合格证	T01	在油船和化学品船上服务的所有船员	100	60
液化气船货物操作基本培训合格证	T04	在液化气船上服务的所有船员	100	60
客船船员特殊培训合格证	T06	在客船上服务的所有船员	100	60

海船船员培训合格证书的申领条件及其有效期 表 2-6-3

海船船员培训合格证书项目	代码	申领条件	有效期
基本安全培训合格证	Z01	• 年满 16 周岁； • 完成基本安全培训（Z01）并通过考试	5 年
保安意识培训合格证	Z07	• 培训前完成基本安全培训（Z01）	长期
油船和化学品船货物操作基本培训合格证	T01	• 培训前完成基本安全培训（Z01）	长期
液化气船货物操作基本培训合格证	T04	• 培训前完成基本安全培训（Z01）	长期
客船船员特殊培训合格证	T06	• 培训前完成基本安全培训（Z01）	5 年

注：上述海船船员培训合格证书有效期截止日期均不超过持证人 65 周岁生日。

二、厨师和膳食服务辅助人员的资格要求

在船舶上工作的厨师和膳食服务辅助人员具有两重身份：非值班船员、厨师（或膳食服务辅助人员）。作为非值班船员，须满足上述非值班船员任职的共同条件，取得相应的船员培训合格证；作为厨师（或膳食服务辅助人员），须取得《船上厨师培训合格证明》（或《膳食服务辅助人员培训证明》）。这两者的任职条件和培训要求各不相同。

根据《关于船上膳食服务人员履行〈2006 年海事劳工公约〉有关事宜的通知》(海船员〔2013〕334 号)规定,在从事商业活动的中国籍国际航行海船上从事船上厨师工作的船员,应经过规定内容的培训,并具有船上厨师培训资质除船上厨师外的负有协助厨师制备船员膳食、为船员进餐提供服务及清洁厨房和餐厅等责任的船员(以下简称"膳食服务辅助人员")在船工作需持有《膳食服务辅助人员培训证明》。

中国籍海船船员赴外国籍船舶从事船上厨师工作,可按上述《通知》要求的办法申请《船上厨师培训合格证明》。

三、厨师的培训及合格证明的签发

根据《关于船上膳食服务人员履行〈2006 年海事劳工公约〉有关事宜的通知》(海船员〔2013〕334 号)规定,参与船上厨师培训的对象及条件为:2013 年 8 月 20 日前(止)已在船从事船上厨师工作至少 3 个月或已持有陆上厨师资格证书的注册船员,符合船舶膳食服务人员体检标准。

船上厨师培训的具体内容涉及食品和个人卫生、食品储存、备料管理和环境保护以及膳食健康和安全等内容,详见船上厨师培训大纲(略)。培训大纲不设置实用厨艺内容,船员因具备 3 个月的船上厨师资历或已持有陆上厨师资格证书而免除《公约》要求的实用厨艺培训。

具有船上厨师培训资质且具备船上厨师培训能力的船员培训机构,可开展船上厨师培训。中国海事局负责汇总并对外公布船上厨师培训机构名单(名单见中国海事局网站:http://www.msa.gov.cn)。培训机构在开展培训前应审查学员条件,长期留存《船上厨师培训申请表》、船员服务簿复印件、厨师职业资格证书复印件(如有)、《海船船员健康证书》复印件、身份证复印件。

培训机构完成船上厨师培训后,应组织考核,考核合格的应当及时签发《船上厨师培训合格证明》。《船上厨师培训合格证明》长期有效。《船上厨师培训合格证明》由培训机构按照海事管理机构的内容和格式方面的要求自行印制。中华人民共和国海事局提供《船上厨师培训合格证明》签发情况的公开查询。

《船上厨师培训合格证明》信息变更、损坏或遗失,由持证人向原签发机构申请换发、补发。换发、补发的签发日期应为实际换发或补发的日期。

四、膳食服务辅助人员的培训及证明的签发

根据《关于船上膳食服务人员履行〈2006 年海事劳工公约〉有关事宜的通知》(海船员〔2013〕334 号)规定,参与船上膳食服务辅助人员培训的对象及条件为:符合船舶膳食服务人员体检标准,已经或拟在船从事膳食服务辅助工作的注册船员(具体可参见本书第二章第一节)。

船上膳食服务人员培训的具体内容应包括食品和个人卫生以及船上处理和储存食品等方面。

各航运公司、服务机构、外派机构可自行开展上船前或在船培训,也可委托培训机构开展培训。膳食服务辅助人员的培训学时可根据情况自行制定。膳食服务辅助人员的培训完成后,应当及时签发《膳食服务辅助人员培训证明》。《膳食服务辅助人员培训证明》由实施培训的单位按照海事管理机构的内容和格式方面的要求自行印制。《膳食服务辅助人员培训证明》长期有效。

第七章　船　　长

一、船长任职的一般条件

大副晋升船长的条件：

(1)海上服务资历须在参加岗位适任培训前取得；

(2)在相应等级的船上担任大副职务累计18个月(拟升任无限航区船长,须担任无限航区大副职务至少6个月),且任职安全记录良好；

(3)参加船长岗位适任培训(拟在500总吨及以上船舶上任职为3个月、在未满500总吨船舶上任职为1个月)；

(4)申请船长考试,成绩合格；

(5)上船前向海事管理机构申请见习记录簿开封；

(6)在相应航区相应等级的船舶上见习3个月；

(7)向海事管理机构申请换发船长适任证书。

在大副持证要求基础上,船长所须增加的培训考试科目如表2-7-1～表2-7-3所示。

船长适任考试理论考试科目　　表2-7-1

考试科目	职务晋升	航区扩大	吨位提高
航海学	☆	☆	
船舶操纵与避碰	☆		☆
船舶管理	☆	☆	
船舶结构与货运			☆
航海英语	☆	☆	

注:1. 沿海航区的船长免除航海英语理论的考试；

2. 持有非运输船适任证书者,申请取消非运输船限制者应加考《船舶结构与货运》。

船长适任考试理论考试科目及其分数线 表 2-7-2

科　　目	试卷代号	船舶航区/等级	总分	及格分数线
航海英语	9001	无限航区 500 总吨及以上	100	70
船舶操纵与避碰	9101	3 000 总吨及以上	100	80
	9102	500 ~ 3 000 总吨	100	80
	9107	未满 500 总吨	100	70
航海学	9201	无限航区 500 总吨及以上	100	70
	9202	沿海航区 500 总吨及以上	100	70
	9207	未满 500 总吨	100	60
船舶结构与货运	9301	3 000 总吨及以上	100	70
	9302	500 ~ 3 000 总吨	100	70
船舶管理	9401	无限航区 500 总吨及以上	100	70
	9402	沿海航区 500 总吨及以上	100	70
	9407	未满 500 总吨	100	60

船长适任考试评估项目 表 2-7-3

评 估 项 目	职务晋升	航区扩大	吨位提高
航次计划	☆★	☆	
气象传真图分析	☆	☆	
船舶操纵、避碰与驾驶台资源管理	☆★		☆
航海英语听力与会话	☆	☆	

注:1. 表中标注“☆”的为申请 500 总吨及以上船员对应职务和申考形式对应的评估项目;

2. 表中标注“★”的为申请未满 500 总吨船员对应职务和申考形式对应的评估项目;

3. 沿海未满 500 总吨船舶船长吨位提高需通过英语听力与会话、电子海图显示与信息系统/电子海图系统、雷达操作与应用和航海仪器的使用评估,沿海未满 500 总吨船舶船长吨位提高还需通过气象传真图分析评估;

4. 持有非运输船适任证书者,申请取消非运输船限制时应加考《货物积载与系固》。

二、船长和高级船员客船上任职的特殊条件

在两港间航程 50 海里及以上的客船上服务的船长和高级船员应当持有适用于相应航区 3 000 总吨及以上或者 3 000 千瓦及以上船舶的适任证书。

申请适用于两港间航程 50 海里及以上客船驾驶员、船长适任证书的,应当具备下列条件:

(1)申请适用于客船三副适任证书者,应当在其他种类的 3 000 总吨及以上海船上担任三副满 12 个月,任职表现和安全记录良好,并至少在客船上任见习三副 3 个月;或者通过三副适任考试,在客船上完成 18 个月的船上见习,任职表现和安全记录良好。

(2)申请适用于客船二副适任证书者,应当在其他各类的 3 000 总吨及以上海船上担任二副满 12 个月,任职表现和安全记录良好,并至少在客船上任见习二副 3 个月;或者持有客船三副适任证书并在相应航区、船舶等级的海船上担任三副不少于 18 个月,任职表现和安全记录良好,其中曾经担任客船三副至少 6 个月。

(3)申请适用于客船大副适任证书者,应当在其他种类的 3 000 总吨及以上海船上担任大副满 24 个月,任职表现和安全记录良好,并至少在客船上任见习大副 3 个月;或者持有客船二副适任证书并在相应航区、船舶等级的海船上担任二副不少于 12 个月,其中曾经担任客船二副至少 6 个月,通过大副考试,至少在客船上任见习大副 3 个月,任职表现和安全记录良好。

(4)申请适用于客船船长适任证书者,应当在其他种类的 3 000 总吨及以上海船上担任船长满 24 个月,任职表现和安全记录良好,并至少在客船上任见习船长 3 个月;或者持有客船大副适任证书并在相应航区、船舶等级的海船上担任大副不少于 18 个月,任职表现和安全记录良好,其中曾经担任客船大副至少 6 个月,通过船长考试,且至少在客船上任见习船长 3 个月。

初次申请适用于两港间航程 50 海里及以上客船轮机长、轮机员适任证书者,应当在其他种类的 3 000 千瓦及以上海船上担任相应职务满 12 个月,任职表现和安全记录良好,并在客船上任相应见习职务 3 个月。

通过三管轮适任考试者,在客船上完成规定的 18 个月船上见

习，任职表现和安全记录良好，可以申请适用于客船的三管轮适任证书。

对在客船上任职的船长和高级船员应持有客船培训合格证，其适任证书需取消对客船的限制，其中在两港间航程在50海里及以上客船上任职的船长应具有航海技术或船舶驾驶专业专科及以上学历，但已具有高级船长职称的除外；在其他特殊类型船舶上任职的船员和在客船上任职的普通船员，其适任证书不需要对相应类型船舶取消限制，但应持有相应的特殊培训合格证。

三、船长适任证书的再有效

持有船长适任证书者在证书有效期内，满足下列条件之一，并经过与其职务相适应的知识更新培训，可以在适任证书有效期届满前12个月内，向有相应管理权限的海事管理机构申请适任证书再有效。

(1)从申请之日起向前计算5年内，具有与其适任证书所记载范围相应的不少于12个月的海上服务资历，且任职表现和安全记录良好；

(2)从申请之日起向前计算6个月内，具有与其适任证书所记载范围相应的累计不少于3个月的海上服务资历，且任职表现和安全记录良好。

未满足上述规定的船长，申请适任证书再有效的，应当符合下列规定：

(1)未满足上述(1)、(2)规定，或者适任证书过期5年以内的，应当参加模拟器培训和知识更新培训，并通过相应的抽查项目的评估；

(2)适任证书过期5年及以上、10年以下的，应当参加模拟器培训和知识更新培训，并通过相应的抽查科目的理论考试和项目的评估；

(3)适任证书过期10年及以上的，应当参加模拟器培训和知识更新培训，通过相应的抽查科目的理论考试和项目的评估，并在适任证书记载的相应航区、等级范围内按照《船上见习记录簿》规定完成不少于3个月的船上见习。

申请适任证书再有效抽考的理论考试科目和评估项目可参见表2-7-4。

适任证书再有效抽考理论考试科目和评估项目　　表 2-7-4

职　务 理论考试和评估项目	船长
船舶操纵与避碰	☆★
船舶管理	☆★
船舶操纵、避碰与驾驶台资源管理	☆★
航海英语听力与会话	☆

注:1. 表中标注“☆”的为申请 500 总吨及以上船员对应职务的理论考试科目和评估项目;

2. 表中标注“★”的为申请未满 500 总吨船员对应职务的理论考试科目和评估项目。

四、船长的法定职责

船长是船舶领导人。船长对船东负责,是船舶安全生产、航行指挥、行政管理、技术业务和涉外工作的负责人。船长应严格遵守有关国家法规和规章、国际公约和条例以及地区性规定,严格贯彻执行船东对船员的各项行政管理制度,领导船员严格履行岗位职责,确保船舶的安全生产。《船员条例》第 24 条规定了船长在履行指挥和管理船舶职责方面的特定职责:

(1)保证携带符合规范的证书和资料。包括船舶登记、检验、安全、防污、卫生、口岸查验等证书,船舶载运客货文件、应急计划、保安计划、航海日志、轮机日志和电台日志及有关航行资料;还要保证船员携带职业身份、国籍、适任资格、健康、就业许可等证件。这些证件、文书和资料到期前应及时申请检验或更换,以符合法规、公约的要求。

(2)制定并有效实施应急计划和防范措施。船长应当制定船舶消防、救生、堵漏、防污等应急计划,制定防火、防爆、防海盗、防偷渡、防走私等各项防范措施,并从设备器材、措施、人员及任务分组等方面,保证应急计划、防范措施的有效实施。

(3)保证船舶适航和正常值班。船长负责审批大副编制的货物配载计划,严格执行乘员定额和载重线规定,不得超载。在装卸危险品、重大件或贵重物品时,船长应亲自监督,负责审批各部门负责人制定的运输生产和维修保养方面的航次工作计划。开航前,船长应通知各部门负责人做好开航前的准备工作，督促二副备齐并改妥所需海图和其他航海图书资料，审定安全经济的计划航线；制定并落实航次计划，备足航次所需的燃料、备件、物料、淡水、伙食等；检查备齐各种船舶证书、船员证件、运输单证以及港口文件，办妥离港手续，以保证在开航时“船舶适航、船员适任”。船舶在航行、停泊、作业时，船长应督促各部门负责人认真落实航次计划及相关措施，及早布置和落实防暴风、防台风、防冻、防碰撞以及雾航等安全生产措施；夜间航行时，应将有关航行指示和安全注意事项明确记入“船长夜航命令簿”；持续了解船员情况、调整船员安排或请求补足船员，以保障船舶的最低安全配员；布置值班注意事项，并督促检查值班情况，保证船舶的正常值班。

(4)执行海事管理机构的指令并提交事故报告。由于海事管理机构发布的有关水上交通安全和防治船舶污染指令利害关系较为重大、针对全船而非个人，执行该等指令的责任应当归属于船长。如果本船发生水上交通事故或者污染事故，船长应采取一切措施尽力防止损失扩大，并应按规定撰写水上交通事故报告书或水域污染事故报告书，并向海事管理机构提交，连同航海日志摘要在船舶抵达第一港口时送交有关部门签证，并按需要申请检验。

(5)组织实施船员训练和考核，并如实记载其服务资历和任职表现。船长对本船船员实施或组织实施日常训练和考核，促进船员在船工作期间保持并提高业务技术、道德法纪、营运管理等素质。这项要求反映了船员素质成长的规律。本船船员的服务资历和任职表现，由船长如实规范地记入该船员的船员服务簿，作为申请船员适任证书所需的一项证明材料。考察和记录船员任职表现，是船员跟踪管理的主要环节和重要措施。

(6)驾驶台值班且必要时直接指挥船舶。船舶进港、出港、靠泊、离泊，通过交通密集区、危险航区等区域，或遇有恶劣天气、能见度不良，或发生水上交通事故、船舶污染事故、船舶保安事件及其他紧急情况时，船长应当在驾驶台值班，必要时应当直接指挥船舶。这里，“直接指挥”是指船长亲自发布操作指令、驾驶船舶等，平时分派给高级船员的工作此时由船长直接进行。

(7)保障人员安全。船长应当保障本船船员、旅客和其他在编人员，以及有关监管部门工作人员、引航员、码头装卸工人、代理等临时上船人员的安全。

(8)组织施救本船人命财产。船舶发生事故，危及在船人员和财产安全时，船长应当组织船员和其他在船人员尽力施救。施救行动由船长组织、由船员和其他在船人员实行。尽力施救是努力程度的要求。

(9)组织并安排弃船。在船舶沉没不可避免的情况下，船长可以做出弃船决定，但应尽可能报经船舶所有人同意。弃船时，船长必须采取一切措施，首先组织旅客安全离船，然后安排船员离船，船长应当最后离船，在离船前，船长应当指挥船员尽力抢救国旗和航行日志、本航次使用过的海图等重要文件。

(10)审批并落实修船计划。在修船时，船长应认真审批各部门修理计划，检查进厂前的准备工作，做好防火、防爆、防工伤等工作。修理过程中，经常检查工程的质量和进度，严格监修和验收，保质保量地按期完成修船任务。

由于船长职务与责任的关系，《船员条例》第25条规定，在保障水上人身与财产安全、船舶保安、防治船舶污染水域方面，船长具有独立决策权并负有最终责任。船长在上述三个方面有权独立地做出决策，不受包括船东、租船人、船舶经营公司在内的任何组织和个人的非法干涉。船长的独立决策权与《船员条例》第23条所规定的船长执行海事管理机构有关指令之义务，不相矛盾，都是从保障水上交通安全和防治船舶污染的角度设定的。船长如果认为海事管理机构的指令并不适当，可以提出自己的意见和建议，但不能借其法定的独立决策权而拒绝执行海事管理机构的指令。

五、船长的权力

船长为保障安全，履行法律所赋予的职责，可以独立行使下列权力：

(1)航次计划的决定权。船舶的航次计划由船长决定，包括变更计划。船舶内部因素、外部环境不具备船舶安全航行条件的，船长有权拒绝开航或者续航。

(2)对公司违法或不当指令的拒绝执行权。船员用人单位或者船舶所有人下达的指令，如果违法，或者明显威胁有关人员、财产和船舶安全，或者造成或可能造成水域环境污染，船长有权拒绝执行。

(3)对引航员的监督权。在引航过程中，不解除船长驾驶和管理船舶的责任。船长应认真监督引航操纵指令,如果发现引航员的操纵指令对船舶航行安全或水域环境构成威胁,有权及时纠正、制止,必要时可以要求更换引航员。

(4)撤离船舶、弃船的决定权。撤离船舶是船上全部人员从船上撤离,是临时性的避险措施。船长决定撤离船舶的前提条件是“船舶遇险并严重危及在船人员的生命安全”。虽然船舶遇险,但险情并不危及或不严重危及船上人员的生命安全,船长也不能轻易做出撤离决定。弃船是放弃船舶,是不可逆的处置措施,对船舶所有人有重大利害关系。船长决定弃船的前提条件是“船舶可能沉没、毁灭”。船舶沉没、毁灭的可能性,不是主观上臆想的,而是客观上面临的;不是或可幸免的,而是不可避免的。船长在做出弃船决定前应当尽可能报告船舶所有人,听取船舶所有人的意见;除非情况紧急,一般应该取得船舶所有人的同意。

(5)责令不称职船员离岗权。船员由于业务知识与技能、工作质量与绩效、违章与事故、责任感、身心状态等原因,没有或者不能履行好本岗位的职责和义务,船长有权责令该不称职的船员离开当前工作岗位。

另外,根据《中华人民共和国海商法》(简称《海商法》)和《船员条例》的规定,船舶在海上航行时,船长还具有准司法权,体现在刑事(或行政)与民事两个方面。

在刑事(或行政)方面,船长有责任维持船上的治安。《海商法》第 36 条规定,为保障在船人员和船舶的安全,船长有权对在船上进行违法、犯罪活动的人采取禁闭或者其他必要措施,并防止其隐匿、毁灭、伪造证据。船长采取前款措施,应当制作案情报告,由船长和两名以上在船人员签字,连同人犯送交有关当局处理。船长的这种司法权属有限司法权,即以其不足以对船舶、船员及本人为害作为限度,也无权对案件的实体部分进行处理。例如,船长不能对其进行审判、裁定、判决等,而只能在有条件时送交最初到达港口主管部门处理。

在民事方面,船长应对在船上发生的人员出生或死亡事件进行公证。《海商法》第 37 条规定,船长应当将船上发生的出生或者死亡事件记入航海日志,并在两名证人的参加下制作证明书。

《船员条例》第 21 条规定,船长在其职权范围内发布的命令,船员、旅客和其他在船人员都必须执行。当然,船长超出其职权范围所发布的所谓“命令”,不视其以船长身份发布的命令,其他人可以不执行。

六、船长的法律责任

根据我国《船员条例》、《海船船员值班规则》的规定,船长有下列情形之一的,由海事管理机构处2 000元以上2万元以下的罚款;情节严重的,并给予暂扣船员适任证书6个月以上2年以下直至吊销船员适任证书的处罚:

(1)未保证船舶和船员携带符合法定要求的船舶证书和船员证书、文书以及有关航行资料的;

(2)未保证船舶和船员在开航时处于适航、适任状态,或者未按照规定保证船舶的最低安全配员,或者未维持船舶的正常值班的;

(3)船舶进港、出港、靠泊、离泊,通过交通密集区、危险航区等区域,或者遇有恶劣气候和海况,或者发生水上交通事故、船舶污染事故、船舶保安事件及其他紧急情况时,未在驾驶台值班的;

(4)在弃船或者撤离船舶时未最后离船的;

(5)在船员服务簿内未如实记载船员的服务资历和任职表现;

(6)不遵守《中华人民共和国海船船员值班规则》规定的其他情形。

第三篇　船 员 就 业

第八章　就业相关协议

第一节　就业途径与协议种类

一、船员就业的途径

船员就业,指通过注册取得船员职业资格的船员,到船舶上提供劳动以获取相应报酬的活动。由于境外用人单位不得在中华人民共和国境内直接招用中国籍船员,因此,我国船员只能通过在我国境内设立的船东或船员服务机构实现就业。船员可以直接和船东签订劳动合同或上船协议以实现就业,也可以通过船员服务机构提供的船舶配员服务(船员就业服务)实现就业。具体而言,船员有三种途径实现就业:

第一,船员直接与船东签订劳动合同,上船前再与船东(或其代表)签订上船协议;

第二,船员与船员服务机构签订服务协议(实际上是劳动合同),由服务机构将其派遣到船东的船舶上工作,上船前与船东(或其代表)签订上船协议;

第三,船员与船员服务机构签订服务协议(实际上是劳务中介合同),由船员服务机构介绍给船东,船员与船东签订劳动合同,上船前再与船东(或其代表)签订上船协议。

此外,还有通过签订船员培养及就业协议实现就业的,即:船员培训机构(或服务机构)与学员之间约定,由培训机构向学员提供相应的船员培训服务,或由服务机构支付学员相应的船员培训费用,培训结束后学员与培训机构(或服务机构)订立一定期限的船员劳动合同。此种做法实际上是船员培训与前几种就业途径的结合。

二、船员劳动合同、上船协议、服务协议的关系

在船员的三种就业途径中,涉及劳动合同、上船协议、服务协议,其中劳动合同是就业相关协议中最为基础和最重要的文件。这三者之间的关系如下:

(1)船员应当与用人单位依据我国《中华人民共和国劳动合同法》(简称《劳动合同法》)签订劳动合同。如果合同期限跨多个在船服务期,未在船服务期间劳动合同持续有效。

(2)船员与船员用人单位建立劳动关系、签订劳动合同后,船员上船工作前与船东或者船东代表签订有关船上工作和生活条件的"上船协议"上船协议则可以看作该劳动合同的补充合同,是该劳动合同中有关船上工作或生活条件之内容的细化。现实中,还有在签订上船协议之前,船员与船员用人单位没有通过书面劳动合同建立劳动关系的,而只涉及单个在船服务期的上船协议,这种上船协议也可以直接看作劳动合同。"上船协议"与《2006 年海事劳工公约》中要求的船员就业协议一致。

(3)依据《船员服务管理规定》,船员也可以与船员服务机构签订船员服务协议实现就业。就法律性质而言,船员服务协议可以是劳动合同,也可以是劳务中介合同。船员服务协议的法律性质为劳动合同的,船员服务机构将通过劳务派遣的形式安排船员到作为用工单位的船东的船舶上工作;船员服务协议的法律性质为劳务中介合同的,船员服务机构仅仅是船员和作为用人单位的船东间的居间人,船员直接与船东建立劳动关系。

根据《劳务派遣暂行规定》,船员服务机构与船员签订劳动合同后,以劳务派遣形式安排船员实现就业的,作为用工单位的船东只能在临时性、辅助性或者替代性的工作岗位上使用被派遣的船员,并且应严格控制劳务派遣用工数量,不得超过其用工总量的10%。不过,船员服务机构以劳务派遣形式使用国际远洋船员的,不受临时性、辅助性、替代性岗位和劳务派遣用工比例的限制。即有关劳务派遣的限制之规定适用船东使用沿海船员的情形。

三、船员劳动合同与集体协议的关系

2009年,由代表中国船员的中国海员建设工会与代表中国船东的中国船东协会经平等协商签订《中国船员集体协议(A类)》。该协议有效期为一年,逐年续签,并对内容予以调整。最新的2014年版《中国船员集体协议(A类)》明确,该协议适用于中国籍船员、中国船东协会的会员单位及其所拥有和(或)管理的中国籍船舶。中国船东协会的会员单位拥有和(或)管理的方便旗船舶,雇佣中国船员的,可以选择使用该协议。如选择使用该协议的,需遵守船旗国或地区法律、法规。

如果船员所工作的船舶由中国船东协会的会员拥有和(或)管理,船员劳动合同中有关船员的劳动权利或条件不得低于《中国船员集体协议(A类)》的规定。船员签订劳动合同中的条款涉及《中国船员集体协议(A类)》的,可以到中国船东协会的网站(http://www.csoa.cn/)查阅《中国船员集体协议(A类)》的最新文本和中国船东协会的会员单位名单。

第二节 劳动合同

一、船员劳动合同的订立

1.船员劳动合同的分类

《劳动合同法》第12条规定,劳动合同分为固定期限合同、无固定期限合同和以完成一定工作任务为期限的劳动合同。

(1)固定期限劳动合同指用人单位与劳动者约定合同终止时间的劳动合同。

(2)无固定期限劳动合同指用人单位与劳动者约定无确定终止时间的劳动合同。用人单位与劳动者协商一致,可以订立无固定期限劳动合同。有以下情形之一,劳动者提出或者同意续订、订立劳动合同的,除劳动者提出订立固定期限劳动合同外,应当订立无固定期限合同:①劳动者在该用人单位连续工作满10年的;②用人单位初次实行劳动合同制度或者国有企业改制重新订立劳动合同时,劳动者在该用人单位连续工作满10年且距法定退休年龄不足10年的;③连续订立两次固定期限劳动合同，且劳动者没有《劳动法合同》第 39 条和第 40 条第一项、第二项规定的情形，续订劳动合同的；④用人单位自用工之日起满 1 年不与劳动者订立书面劳动合同的，视为用人单位与劳动者已订立无固定期限劳动合同。用人单位违反规定不与劳动者订立无固定期限劳动合同的，应当自订立无固定期限劳动合同之日起向劳动者每月支付两倍的工资。用人单位自用工之日起满 1 年未与劳动者订立书面劳动合同的，自用工之日起满 1 个月的次日至满 1 年的前 1 日，应当依照《劳动合同法》第 82 条的规定向劳动者每月支付两倍的工资，并视为自用工之日起满 1 年的当日已经与劳动者订立无固定期限劳动合同，立即与劳动者补订书面劳动合同。

(3) 以完成一定工作任务为期限的劳动合同指用人单位与劳动者约定以某项工作的完成为合同期限的劳动合同。

船员劳动合同也可以分为固定期限合同、无固定期限合同和以完成一定工作任务为期限的劳动合同。如果船员与用人单位所签订的劳动合同只覆盖在船服务期间，并且该服务期又短到只有一个航次或者几个航次，在船服务期满劳动合同即终止，这种航次劳动合同可以看作以完成一定工作任务为期限的劳动合同。

2. 船员劳动合同订立的基本要求

《劳动合同法》第 3 条规定，订立劳动合同应当遵循“合法、公平、平等自愿、协商一致、诚实信用”的原则。船员劳动合同作为劳动合同的一种，在签订时同样应当遵守这些原则。

用人单位故意拖延不订立劳动合同的，由劳动行政部门责令改正并承担相应的赔偿责任。用人单位自用工之日起超过 1 个月不满 1 年未与劳动者订立书面劳动合同的，应当向劳动者每月支付两倍的工资，并与劳动者补订书面劳动合同。

用人单位所提供的劳动合同文本，若未载明法律规定的劳动合同必备条款，或者用人单位未将劳动合同文本交付劳动者的，由劳动行政部门责令改正，并对由此给劳动者造成的损害承担赔偿责任。

用人单位违反规定，扣押劳动者居民身份证等证件的，由劳动行政部门责令限期退还劳动者本人，并依照有关法律规定给予处罚。用人单位违反规定，以担保或其他名义向劳动者收取财物的，由劳动行政部门责令限期退还劳动者本人，并以每人 500 元以上 2 000 元以下的标准处以罚款。给劳动者造成损害的，应当承担赔偿责任。

用人单位以暴力、威胁等手段强迫劳动,违章指挥或者强令劳动者冒险作业,对劳动者进行侮辱、体罚、殴打、非法搜查或者拘禁,将依法给予行政处罚并向劳动者赔偿损失。构成犯罪的,还应依法追究刑事责任。

3. 船员劳动合同的内容

建立劳动关系应当订立劳动合同。在船员劳动领域,船员劳动合同是船员与用人单位确立船员劳动关系、明确双方的权利和义务的协议。船员劳动合同的一方当事人是作为劳动主体的船员,另一方当事人为用人主体的船东或船员服务机构。

劳动合同的内容,具体体现为劳动合同条款,指劳动合同对当事人双方劳动权利义务和其他内容的具体规定。《劳动合同法》第 17 条规定了劳动合同应当具备以下条款:①用人单位的名称、住所和法定代表人或者主要负责人;②劳动者的姓名、住址和居民身份证或者其他有效身份证件号码;③劳动合同期限;④工作内容和工作地点;⑤工作时间和休息休假;⑥劳动报酬;⑦社会保险;⑧劳动保护、劳动条件和职业危害防护;⑨法律、法规规定应当纳入劳动合同的其他事项。此外,用人单位与劳动者还可以约定试用期、培训、保守秘密、补充保险和福利待遇等其他事项。《劳动法》第 19 条对劳动合同的内容也做出了类似的规定。

二、船员劳动合同无效的处理

根据《劳动合同法》第 26 条、第 28 条和《劳动法》第 18 条规定,以下三种劳动合同无效或部分无效:

(1)以欺诈、胁迫的手段或者乘人之危,使对方在违背真实意思的情况下订立或者变更劳动合同的;

(2)用人单位免除自己的法定责任、排除劳动者权利的;

(3)违反法律、行政法规强制性规定的。

无效的劳动合同,从订立的时候起,就没有法律约束力。确认劳动合同部分无效的,如果不影响其余部分的效力,其余部分仍然有效。劳动合同在被确认无效之后,用人单位应当向已付出劳动的劳动者支付劳动报酬,其数额参照本单位相同或者相近岗位劳动者的劳动报酬确定,用人单位无同类岗位时可按照本单位上年度职工平均工资确定。

船员劳动合同的无效规则与普通劳动合同的无效规则相同。

由于用人单位的原因订立的无效合同，对劳动者造成损害的，应当承担赔偿责任。在劳动合同中，用人单位直接涉及劳动者切身利益的规章制度违反法律、法规规定的，由劳动行政部门责令改正，给予警告。给劳动者造成损害的，应当承担赔偿责任。

三、船员劳动合同的变更

用人单位与劳动者协商一致，可以以书面形式变更劳动合同约定的内容。变更后的劳动合同文本由用人单位和劳动者各执一份。用人单位变更名称、法定代表人、主要负责人或者投资人等事项，不影响劳动合同的履行。

船员劳动合同的变更规则与普通劳动合同的变更规则相同。

四、船员劳动合同的解除和终止

1. 船员解除劳动合同及其限制

劳动者解除劳动合同，指劳动者在符合法定情形的条件下，依单方意思表达而解除与用人单位之间劳动合同关系的一种法律行为。

根据《劳动合同法》第 37 条规定，劳动者经与用人单位协商一致，或者提前 30 日以书面形式通知用人单位，可以解除劳动合同；如尚在试用期内，劳动者提前 3 日通知用人单位，也可以解除劳动合同。《中国船员集体协议（A 类）》第 53 条规定，船员以书面申请的形式提前 30 天通知船东或者通过船长通知船东，可以提前解除其劳动合同。

根据《劳动合同法》第 38 条和《中国船员集体协议（A 类）》第 54 条之规定，用人单位有下列情形之一的，作为劳动者的船员可以随时通知解除劳动合同：

（1）船员工作于合同约定的某特定航线后，如果该特定航线发生了实质性变化，经过船东与船员的协商，针对调整航线无法达成一致意见的；

（2）如果船员所工作的船舶，依照 SOLAS 公约或港口国检查，被证实不适航，并且船舶的缺陷永久不能得到修复，使船东不能继续履行合同约定的义务；

（3）用人单位未按照劳动合同约定提供劳动保护或者劳动条件；

（4）用人单位未及时足额支付劳动报酬；

(5)用人单位未依法为劳动者缴纳社会保险费；

(6)用人单位的规章制度违反法律、法规的规定，损害劳动者权益；

(7)用人单位具有《劳动合同法》第26条第1款规定的致使劳动合同无效的情形；

(8)法律、行政法规规定劳动者可以解除劳动合同的其他情形。

《劳动合同法》还特别规定，若用人单位以暴力、威胁或者非法限制人身自由的手段强迫劳动者劳动，或者用人单位违章指挥、强令冒险作业危及劳动者人身安全，劳动者可以立即解除劳动合同，而不需事先告知用人单位。对以上情形，船员要求遣返的，船东应当同意，并支付相应的遣返费用。

需要注意的是，《船员条例》对于船长和高级船员单方解除劳动合同予以一定限制。《船员条例》第24条规定，船长、高级船员在航次中，不得擅自辞职、离职或者中止职务。某个"航次"，指完整地执行一次航行任务(例如将旅客、货物从一个港口运送至另一个港口计为一个航次)，从始发港到目的港的途中停靠、挂靠第三港的亦包括在该航次以内。如果船长、高级船员经申报获准，或受公司、有关监管部门和其他有权者的指令，并且与接任者办理完毕交接手续，再行辞职、离职或者中止职务，不属于"擅自"的情形。

2.船员用人单位解除劳动合同及其禁止

用人单位解除劳动合同，亦称解雇或辞退，指用人单位在符合法定情形的条件下，依单方意思表示而解除与劳动者之间劳动合同关系的一种法律行为。根据《劳动合同法》第39条至第43条之规定，用人单位单方解除劳动合同又可分为即时解除(即时辞退)、预告解除(预告辞退)、裁员三种情形。

用人单位即时解除劳动合同(即时辞退)，指在劳动者有如下情形时，用人单位无需向劳动者预告或额外支付劳动者工资就可随时通知辞退。

(1)在试用期间被证明不符合录用条件的；

(2)严重违反用人单位的规章制度的；

(3)严重失职，营私舞弊，给用人单位造成重大损害的；

(4)劳动者同时与其他用人单位建立劳动关系，对完成本单位的工作任务造成严重影响，或者经用人单位提出，拒不改正的；

(5)因《劳动合同法》第 26 条第 1 款第 1 项规定的情形致使劳动合同无效的;

(6)被依法追究刑事责任的。

用人单位预告解除劳动合同,即用人单位向劳动者预告后方可解除劳动合同。具体而言,有下列情形之一的,用人单位提前 30 日以书面形式通知劳动者本人或者额外支付劳动者 1 个月工资后,可以解除劳动合同:

(1)劳动者患病或者非因工负伤,在规定的医疗期满后不能从事原工作,也不能从事由用人单位另行安排的工作的;

(2)劳动者不能胜任工作,经过培训或者调整工作岗位,仍不能胜任工作的;

(3)劳动合同订立时所依据的客观情况发生重大变化,致使劳动合同无法履行,经用人单位与劳动者协商,未能就变更劳动合同内容达成协议的。

裁员,即用人单位一次性预告辞退部分劳动者,以此作为改善生产经营状况的一种手段。它实际上是预告辞退和无过错辞退的一种特殊形式。劳动法规定出现如下情形时,可以裁员:

(1)依照企业破产法规定进行重整;

(2)生产经营发生严重困难;

(3)企业转产、重大技术革新或者经营方式调整,经变更劳动合同后,仍需裁减人员;

(4)其他因劳动合同订立时所依据的客观经济情况发生重大变化,致使劳动合同无法履行。

裁减人员时,应当优先留用下列人员:

(1)与本单位订立较长期限的固定期限劳动合同的;

(2)与本单位订立无固定期限劳动合同的;

(3)家庭无其他就业人员,有需要扶养的老人或者未成年人的。

用人单位裁减人员,在 6 个月内重新招用人员的,应当通知被裁减的人员,并在同等条件下优先招用被裁减的人员。此外,就裁员程序而言,需要裁减人员 20 人以上或者裁减人数不足 20 人但占企业职工总数 10% 以上的,用人单位须提前30 日向工会或者全体职工说明情况,听取工会或者职工的意见后,裁减人员方案经向劳动行政部门报告,可以裁减人员。

劳动法规定,在下列情况下,禁止用人单位辞退和裁减员工:

(1)从事接触职业病危害作业的劳动者未进行离岗前职业健康检查,或者疑似职业病病人在诊断或者医学观察期间的;

(2)在本单位患职业病或因工负伤并被确认丧失或部分丧失劳动能力的;

(3)患病或非因工负伤,在规定的医疗期内的;

(4)女职工处于产期、孕期和哺乳期内的;

(5)在本单位连续工作15年,且距法定退休年龄不足5年的;

(6)法律、行政法规规定的其他情形。

用人单位违反法定条件解除劳动合同,由劳动行政部门责令改正并承担相应的赔偿责任。用人单位自用工之日起超过1个月不满1年未与劳动者订立书面劳动合同的,应当向劳动者每月支付两倍的工资,并与劳动者补订书面劳动合同。

用人单位违反规定解除劳动合同的,应当依法以经济补偿标准的两倍向劳动者支付赔偿金。未向劳动者出具解除劳动合同的书面证明,则由劳动行政部门责令改正,造成损害的应当承担赔偿责任。若招用尚未解除劳动合同的劳动者对原用人单位造成经济损失的,用人单位应当依法承担连带赔偿责任。劳动者依法解除劳动合同,用人单位扣押劳动者档案或其他物品的,应承担由此引起的法律责任。

用人单位违反规定与劳动者约定试用期的,由劳动行政部门责令改正。若违法约定的试用期已经履行的,由用人单位以劳动者试用期满月工资为标准,按已经履行的超过法定试用期的期间向劳动者支付赔偿金。

此外,针对船员劳动的特殊性,《中国船员集体协议(A类)》第55条规定,对于以下情况船员违抗命令不开航,将不作为船员的过错,船东也不能因此单方面解除劳动合同:

(1)依照SOLAS公约或者港口国检查被证实不适航的。

(2)无论何种原因,船舶属于非法开航(如:不具备船舶安全航行条件的;可能危及人员、财产和船舶安全的;可能造成水域环境污染的;对船舶航行安全构成威胁的等)。

《2006年海事劳工公约》标准A2.1规定,船东与船员协商一致,可以提前解除上船协议,但应当至少提前7天以书面形式通知对方。

工会对用人单位单方解除劳动合同予以监督。用人单位单方解除劳动合同,应当事先将理由通知工会。用人单位违反法律、行政法规规定或者劳动合同约定的,工会有权要求用人单位纠正。用人单位应当研究工会的意见,并将处理结果书面通知工会。

3. 船员劳动合同的终止

依据《劳动合同法》第 44 条规定,劳动合同终止的情形有如下六种:

(1)劳动合同期满的;

(2)劳动者开始依法享受基本养老保险待遇的;

(3)劳动者死亡,或者被人民法院宣告死亡或者宣告失踪的;

(4)用人单位被依法宣告破产的;

(5)用人单位被吊销营业执照、责令关闭、撤销或者用人单位决定提前解散的;

(6)法律、行政法规规定的其他情形。

船员劳动合同终止规则与普通劳动合同相同。

用人单位违反规定终止劳动合同的,应当依法以经济补偿标准的两倍向劳动者支付赔偿金。未向劳动者出具终止劳动合同的书面证明则由劳动行政部门责令改正,造成损害的应当承担赔偿责任。若招用尚未解除劳动合同的劳动者对原用人单位造成经济损失的,用人单位应当依法承担连带赔偿责任。劳动者依法终止劳动合同,用人单位扣押劳动者档案或其他物品的,应承担由此引起的法律责任。

4. 船员劳动合同解除或终止后当事人的义务

当事人的后合同义务,指劳动合同关系消灭后,基于诚实信用原则的要求,缔约双方当事人依法应负有某种作为或不作为义务,以维护给付效果,或协助对方处理合同终了的善后事务的合同附随义务。《劳动合同法》第 50 条对用人单位和劳动者的后合同义务分别规定如下:

用人单位的后合同义务:

(1)出具解除或者终止劳动合同的证明;

(2)提供职业健康监护档案;

(3)在 15 日内为劳动者办理档案和社会保险关系转移手续;

(4)应当支付经济补偿金的须在办结工作交接手续时支付;

(5)保存劳动合同文本 2 年以上时间;

(6)保密义务;

(7)不得扣押劳动者档案或其他物品。

劳动者的后合同义务：

(1)办理工作交接，妥善处理自己在劳动合同解除或终止前经手的事务；

(2)返还、归还因工作需要而使用、占用的用人单位财产、资料；

(3)保守用人单位的商业秘密和与知识产权有关的秘密事项。

船员劳动合同解除和终止情况下当事人的后合同义务与普通劳动合同相同。

五、船员劳动合同的法律适用

如果中国国籍船员与境内用人单位签订劳动合同后，被派遣到中国籍船舶上工作，适用中国法律。但对船员劳务外派业务中的中国国籍船员而言，如果该船员与境内的船员外派机构签订劳务中介合同后，再直接和船东签订劳动合同(就业协议)到境外船舶上工作的，则适用船旗国法；如果该船员与作为境内用人单位的船员外派机构签订劳动合同后，以劳务派遣形式被派遣到境外船舶上工作，则既可以选择适用船旗国(其工作地)的法律，也可以选择适用中国(劳务派出地)的法律。

第三节　上船协议

一、上船协议的订立与解除

根据《2006年海事劳工公约》标准A2.1，船东或者船东代表应当与上船工作或者实习、见习的船员订立书面上船协议。这里，“上船协议”指船员与船员用人单位建立劳动关系后，船员上船工作前与船东或者船东代表签订的。

船员的上船(就业)协议应在确保船员有机会对协议中的条款和条件进行审阅和征求意见，并自由接受的前提下，由船东与船员协商一致，并经双方在协议文本上签字或者盖章生效。协议文本原件由双方各执一份。上船协议和适用的集体合同应具有中英文文本，其正本或者复印件应当随船备查。船东使用船员服务机构为船舶提供船员配员服务的，应当将船员服务机构许可证复印件、配员协议和配员名单随船备查。

船东与船员协商一致，可以提前解除上船协议，但应当至少提前7天以书面形式通知对方。

二、上船协议的内容

根据《2006年海事劳工公约》标准A2.1.4，上船协议应当至少包括以下内容：

(1)船员的姓名、出生日期及出生地；
(2)船东的名称和地址；
(3)签署的地点及日期；
(4)船员服务的船舶名称及在船将担任的职务；
(5)船员的工资总额或者计算公式、工资构成以及支付方式；
(6)带薪年休假的天数或者计算公式；
(7)上船协议终止的条件；
(8)社会保险；
(9)依据国家法律、法规规定可以从船员工资中代扣的费用；
(10)遣返的权利和义务；
(11)违约责任；
(12)适用的集体合同。

第九章　船 员 服 务

一、船员服务机构的类型与查询

船员可以通过与船员服务机构签订服务协议实现就业。在我国船员劳务市场上，船员服务机构提供经营性的船员服务，其内容包括代理船员办理申请培训、考试、申领证书（包括外国船员证书）等有关手续，代理船员用人单位管理船员事务，为船舶提供配员等相关活动。

其中，海船船员服务机构分为甲级海船船员服务机构和乙级海船船员服务机构。甲级海船船员服务机构，是指为国际航行和国内航行海船船员提供各项船员服务的机构；乙级海船船员服务机构，则是指只为国内航行海船船员提供船员服务的机构。此外，为悬挂境外船旗船舶提供配员服务的机构，为海员外派机构。

"船员服务机构"专指为中国籍船舶提供配员服务的甲/乙级海船船员服务机构。"海员外派机构"，则专指设立于中华人民共和国境内、为非中国籍船舶提供配员服务的海船船员服务机构，涉及海员外派的船员服务事项在第十章中陈述。

船员可以选择经中华人民共和国海事局许可的船员服务机构提供服务。具体而言，船员可通过交通运输部网站"服务园地"—"船员管理"栏目，或中国海事局网站"公共服务"—"船员管理"—"信息查询"栏目，查询海事管理机构许可的船员服务机构的相关信息。

二、船员服务协议的签订

船员服务机构向船员提供船员服务业务，应当与船员签订船员服务协议。如前所述，就法律性质而言，该服务协议可以是劳动合同，也可以是劳务中介合同。船员服务机构向船员用人单位或者船员用工单位提供船舶配员服务，应当签订船舶配员服务协议或者劳务派遣协议，并有义务将船舶配员服务协议或者劳务派遣协议中与船员利益有关的内容如实告知船员。

船员服务机构在提供船员服务时，未将船舶配员服务协议或者劳务派遣协议中的相关内容告知有关船员的,或者有其他欺诈船员行为的,由海事管理机构责令改正,处3万元以上15万元以下罚款;情节严重的,并给予暂停《船员服务机构许可证》6个月以上2年以下直至吊销《船员服务机构许可证》的处罚。

三、船员在船员服务协议履行中的权利

船员在船员服务协议履行过程中享有的权利,即是作为相对方的船员服务机构的义务。原则上,船员服务机构提供船舶配员服务,要遵守国家船员管理、劳动和社会保障的有关规定,履行诚实守信义务。具体而言,船员服务机构的基本义务包括:

(1)督促并审查用人单位与船员签订劳动合同。船员服务机构作为船员与用人单位间的居间人时,应当督促船员用人单位与船员依法订立劳动合同。船员用人单位未与船员签订劳动合同的,船员服务机构应当终止向船员用人单位提供船员服务。

船员服务机构在船员用人单位未与船员订立劳动合同的情况下,向船员用人单位提供船员的,由海事管理机构责令改正,处5万元以上25万元以下罚款;情节严重的,给予暂停《船员服务机构许可证》6个月以上2年以下直至吊销《船员服务机构许可证》的处罚。

(2)培训船员。船员服务机构应当建立教育培训制度,对船员进行任职前培训和必要的岗位技能训练。培训内容可根据船东所要求或所提供的培训课程、教材或授课进行,但不得违反国际公约和国内法律法规的规定。船员任职前培训是根据船员所服务的船舶和公司情况,对即将上船工作的船员进行相关法律法规、管理制度、风俗习惯和注意事项等任职前培训。船员岗位技能培训是为船员胜任本职工作并不断提高工作技能提供保障,着重针对不断变化的船东需求、航线及船舶类型需求、航运业务知识、法律法规知识或船东所在国的风土人情、宗教习惯等内容开展培训,并为未在船的船员及时了解和掌握最新的业务知识提供培训机会。

(3)为服务的船员提供支持。船员服务机构应当为其服务的船员取得法定和约定的劳动和社会保障权利提供相应的支持。船员发生失踪、死亡或者其他意外伤害的,船员服务机构应当配合船员用人单位做好相应的善后工作。

(4)信息公开和合理收费。船员服务机构不得以任何形式向船员

收取任何服务费用,但船员体检、护照或其他旅行证件及国家法律规定的其他收费项目除外。船员的签证费用由船东承担。属于按照国家规定应当由船员支付的费用,船员服务机构应当公示相关收费标准和收费依据,不得重复或者超过标准收取费用。船员服务机构应制定措施,保证其工作人员不在船员安置或聘用选择等方面向船员个人索取任何费用。船员在船工作期间,如果其家属要求了解船员相关信息或提出建议时,船员服务机构应提供相应的便利并不得收取任何费用。

船员服务机构在提供船员服务时,未向社会公布服务内容、收费项目和标准的,或者重复或者超过标准收取费用的,或者在公布的收费项目之外收取费用的,由海事管理机构责令改正,处 3 万元以上 15 万元以下罚款;情节严重的,并给予暂停《船员服务机构许可证》6 个月以上2 年以下直至吊销《船员服务机构许可证》的处罚。

(5)赔偿船员的资金损失。船员服务机构应当建立一个保护机制,通过保险或适当的等效措施,赔偿由于服务机构或有关船东未能按上船协议履行对船员的义务而可能给船员造成的资金损失。

(6)管理船员信息以备查询。船员服务机构应当为所服务的每名船员建立信息档案,主要包括:船员船上任职资历;船员基本安全培训、适任培训和特殊培训情况;船员适任状况、安全记录和健康情况;船员劳动合同、船舶配员服务协议、上船协议等。船员服务机构应当及时归档船员信息,并保持船员服务信息记载的真实、连续和完整,以备随时可查;应当通过书面或信息管理软件等形式,提供对船员的信息档案的查询或索引,以满足船员、船员家属、海事管理机构、机构自身或其他管理部门的查询需要;应当按有关规定报送统计数据,并将自有船员名册、非自有船员名册及上述档案信息按要求定期报海事管理机构备案;还应充分考虑到隐私权和保密需要。

(7)处理船员投诉。船员服务机构对有关其活动的投诉须进行核查并做出反应,并将未解决的投诉报告主管当局。主管当局应确保存在适当的机制和程序,在必要时对关于船员服务机构活动的投诉开展调查。

(8)处理船员突发事件。船员突发事件指船员受伤、失踪、死亡、海盗劫持、证件遗失或被窃、境外滞留和拘禁等。船员服务机构应当建立、运行船员突发事件应急处理制度。应急处理制度至少包括应急事件的种类、应急事件的报告、应急联络通道、应急事件的处理预案、处理突发事件的资金保障等内容。

(9)禁止性义务。船员服务机构不得为未经船员注册的人员提供船舶配员服务;船员工资的构成、计算方式、金额、支付方式应当满足我国相关规定和有关国际公约的要求,并按时足额发放给船员,不得克扣船员用人单位按照船舶配员服务协议支付给船员的劳动报酬;不得要求船员提供抵押金或担保金等;不得向服务对象提供虚假信息;不得严重侵害船员的合法权益,或者当所服务船员的合法权益受到严重侵害时不履行法定义务;禁止船员服务机构利用各种方式、机制或清单阻止或阻挠船员获得称职的工作。

船员服务机构为未经船员注册的人员提供船舶配员服务,或者严重侵害船员的合法权益,或者当所服务船员的合法权益受到严重侵害时不履行法定义务,由海事管理机构责令改正,处1万元以上3万元以下罚款。船员服务机构在提供船员服务时,克扣按照船舶配员服务协议应当支付给船员的劳动报酬的,或者有其他欺诈船员行为的,由海事管理机构责令改正,处3万元以上15万元以下罚款;情节严重的,并给予暂停《船员服务机构许可证》6个月以上2年以下直至吊销《船员服务机构许可证》的处罚。

第十章 海 员 外 派

海员外派,指为外国籍或者港澳台地区籍船舶提供配员的海员服务活动。境外企业、机构在中国境内招收外派海员,应当委托海员外派机构进行;外国驻华代表机构不得在境内开展海员外派业务。

海员在海员外派机构提供服务过程中享有的权利,即是作为相对方的外派机构的义务。海员外派机构提供船舶配员服务,应当遵守国家的法律、法规和中华人民共和国缔结或加入的国际公约的规定,履行诚实守信义务。

第一节 海员外派业务准备

一、外派海员的招用

海员外派机构招用外派海员应当核实被其招募和安置的海员合格并持有相关工作所必需的证书,核实海员就业协议符合所适用的法律、法规和构成就业协议一部分的任何集体谈判协议;海员外派机构应当遵守国家法律、法规和中华人民共和国缔结或加入的国际公约的规定,并保证包括海员服务质量管理制度在内的各项海员外派管理制度的有效运行;禁止海员外派机构利用各种方式、机制或清单阻止或阻挠海员获得称职的工作。

具体而言,海员外派机构应当确保低于 16 周岁的人不得上船工作;不雇佣或聘用 18 岁以下的海员从事夜间工作;不雇用或聘用 18 岁以下的海员从事可能损害其健康或安全的工作;确保海员的健康状况适合履行海上职责;确保海员经过培训并具备履行船上职责的资格。

此外,海员外派机构应当确保不以虚假资历、虚假证明等手段向海事管理机构申请办理海员培训、考试、申领证书等有关业务;不为非法从事海员服务的机构或个人代办各类海员证件;有效管理、监控和跟踪本机构负责办理的海员出入境证件。

二、船东资信和运营情况的核查

海员外派机构应当在充分了解并确保船东资信和运营情况良好的前提下,方可与船东签订船舶配员服务协议。海员外派机构不得把海员外派到以下三类公司或者船舶:①被港口国监督检查中列入黑名单的船舶;②非经中国境内保险机构或者国际保赔协会成员保险的船舶;③未建立安全营运和防治船舶污染管理体系的公司或者船舶。因此海员外派机构有责任做到:

(1)在与船东签订船舶配员服务协议前,查询 Equasis(欧洲优质船运信息系统)网站(http://www.equasis.org/),通过船舶的 IMO 编号或者船名,了解任一国际航行船舶的安全相关资料。这些资料除包括船舶所属公司、法人代表、船级等基本情况外,还包括船舶在过去一段时间内是否列入黑名单、由哪家保赔协会保险、谁签发安全管理证书等。只要通过简单注册,便可免费使用该信息系统。

(2)在与船东签订船舶配员服务协议前,查询中国海事局网站记录,通过船舶的船名查询某艘船舶是否列于“重点跟踪船舶”中。

(3)查询 ILO 曝光的遗弃海员事件数据库(http://www.ilo.org/dyn/seafarers/seafarersBrowse.Home? p_lang = en),通过船舶的 IMO 编号或者船名查询某艘船舶是否有过遗弃海员的记录。海员外派机构应尽力避免将海员外派到有此类事件记录的船东的船舶上。

(4)海员外派机构可以要求船东出示保险文件和符合证书,以证明船舶经过适当保险和建立了安全管理体系。

三、海员外派相关协议的签订

海员外派机构为海员提供海员外派服务,应当保证外派海员与本机构、境外船东、我国的航运公司或者其他相关行业单位之一签订有劳动合同;海员外派机构应确保海员知悉本机构与船东签订的船舶配员协议有关内容,以及海员和船东依约签订海员就业协议、机构与海员根据派出任务签订上船协议等。

海员外派机构与船东签订船舶配员服务协议应当至少包括以下内容:海员外派机构及船东的责任、权利和义务,包括外派海员的数量、素质要求、派出频率、培训责任、外派机构对海员违规行为的责任分担等;外派海员的工作、生活条件;协议期限和外派海员上下船安排;工资福利待遇及其支付方式;正常工作时间、加班、额外劳动和休息休假;船舶适航状况及船舶航行区域;船东为外派海员购买的人身意外、疾病保险和处理标准;社会保险的缴纳;外派海员跟踪管理;突发事件处理;外派海员遣返;外派海员伤病亡处理;外派海员免责条款;特殊情况及争议的处理;违约责任。

外派海员与船东(或船东代表)签订就业协议时,海员外派机构应当审查就业协议的内容,如果发现就业协议中存在侵害外派海员利益条款的,应当要求船东及时纠正。具体而言,海员就业协议应包括如下基本内容:海员的全名、出生日期或年龄及出生地;船东的名称和地址;订立海员就业协议的地点及日期;海员将担任的职务;海员的工资数额(或者用于计算工资的公式);带薪年假的天数(或者用于计算天数的公式);协议的终止及其终止条件;由船东提供给海员的健康津贴和社会保障保护津贴;海员获得遣返的权利;集体谈判协议(如适用);国家法律所要求的其他事项。

海员外派机构与海员签订的上船协议主要内容包括:船舶配员服务协议中涉及外派海员利益的所有条款,海员外派机构对外派海员工作期间的管理和服务责任,外派海员在境外发生紧急情况时海员外派机构对其的安置责任以及违约责任。

在外派海员未与海员外派机构、船东、我国的航运公司或其他相关行业单位签订劳动合同的情况下,提供海员外派服务的,由海事管理机构责令改正,处5万元以上25万元以下罚款;情节严重的,给予暂停海员外派机构资质证书6个月以上2年以下直至吊销的处罚。

海员外派机构在提供外派服务时,未将船舶配员服务协议的相关内容如实告知外派海员的,由海事管理机构处3万元以上10万元以下罚款;情节严重的,暂停海员外派机构资质证书6个月以上2年以下处罚。

海员外派机构在提供外派服务时,伪造或者提供虚假船舶配员服务协议信息的,或者与外派海员签订的上船协议内容与船舶配员服务协议的内容不符并损害外派海员利益的,由海事管理机构处10万元以上15万元以下罚款;情节严重的,吊销海员外派机构资质证书。

四、外派海员的培训

海员外派机构应当建立并实施外派海员培训制度。培训制度的内容主要包括任职前培训和岗位技能训练。培训内容可根据船东所要求或所提供的培训课程、教材或授课进行,但不得违反国际公约和国内法律法规的规定。其中,海员任职前培训应当根据海员所服务的船舶和公司情况,对即将上船工作的海员进行相关法律法规、管理制度、风俗习惯和注意事项等培训;海员岗位技能培训则应当为海员胜任本职工作并不断提高工作技能提供保障,着重针对不断变化的船东需求、航线及船舶类型需求、航运业务知识、法律法规知识或船东所在国的风土人情、宗教习惯等内容开展培训,并为未在船的海员及时了解和掌握最新的业务知识提供培训机会。

第二节　海员外派业务实施

一、外派业务的收费

根据《2006 年海事劳工公约》标准 A1.4.5(b)、导则 B1.4.2 和《海员外派管理规定》第 31 条之规定,海员外派机构不得以任何形式向海员收取任何服务费用,但海员体检、护照或其他旅行证件及国家法律规定的其他收费项目除外;属于按照国家规定应当由海员支付的费用,海员外派机构应当公示相关收费标准和收费依据,不得重复或者超过标准收取费用;海员外派机构应制定措施,保证其工作人员不得以提供就业机会为由,向外派海员收取费用,也不得用克扣劳动报酬、收取担保金或抵押金等方式变相收取费用;海员在船工作期间,如果其家属要求了解海员相关信息或提出建议时,海员外派机构应提供相应的便利并不得收取任何费用。

海员外派机构在提供外派服务时,重复或者超过标准收取费用,或者在公布的收费项目之外收取费用的,由海事管理机构处 3 万元以上 10 万元以下罚款;情节严重的,给予暂停海员外派机构资质证书 6 个月以上 2 年以下处罚。

二、外派海员人身意外伤害保险

依据《2006 年海事劳工公约》规则 4.2,《对外劳务合作管理条例》第 13 条、第 21 条第 8 项、第 42 条第 2 项,《海员外派管理规定》第 25 条、第 27 条第 1 款第 7 项、第 33 条第 2 项等规定及船东责任险的实务，为保证外派海员在境外受到人身意外伤害时能得到保护，海员外派机构应当在与境外船东签订的船舶配员服务协议中明确外派海员外派期间的人身意外伤害保险的购买条款。海员外派机构未安排海员外派期间的人身意外伤害保险，并拒不改正的，可被处以 5 万元以上 10 万元以下的罚款，并对其主要负责人处 1 万元以上 3 万元以下的罚款。

三、跟踪管理外派海员

根据《2006 年海事劳工公约》标准 A1.4.6 和《海员外派管理规定》第 30 条、第 29 条、第 27 条之规定，海员外派机构应当对于外派海员进行跟踪管理。具体而言，海员外派机构应当建立对海员外派的跟踪管理机制，对外派海员工作期间的人身安全、身体健康、工作技能、生活条件、海员权益落实、职业发展等方面予以连续且全方位的管理，并支持外派海员完成派遣任务、免费为海员家属提供海员相关信息、接受和处理海员家属建议等。海员外派机构对外派海员跟踪管理的义务还应当体现在船舶配员服务协议、上船协议的具体条款中。

四、外派海员信息的查询

海员外派机构应当为所服务的每名外派海员建立的信息档案。

海员外派机构建立的信息档案主要包括：外派海员船上任职资历外派海员基本安全培训、适任培训和特殊培训情况；外派海员适任状况、安全记录和健康情况；外派海员劳动合同、船舶配员服务协议、上船协议等。

外派海员的信息应及时归档和随时可查，并保持海员服务信息记载的真实、连续和完整。

海员外派机构应当通过书面或信息管理软件等形式，提供对外派海员的信息档案的查询或索引，以满足海员、海员家属、海事管理机构、机构自身或其他管理部门的查询需要。

海员外派机构还应当充分考虑到隐私权和保密需要，确定在何种条件下海员的个人资料可由海员外派机构来处理，包括这些资料的收集、存储、合并以及向第三方传送。

五、外派海员的投诉及争议处理

海员外派机构应当建立与船东、外派海员的沟通机制，及时核查并妥善处理各种投诉。具体而言，海员外派机构应当建立处理海员投诉及争议的程序，保持与船东、外派海员的顺畅沟通，告知海员投诉的方式方法，确保对外派海员任何投诉及时核查并做出反应，妥善处理各种投诉，并将任何未解决的投诉报告海事管理机构。

六、外派海员突发事件的处理

海员外派机构应当建立、运行外派海员突发事件应急处理制度。包括以下内容：

应急事件的种类，包括海员受伤、失踪、死亡、海盗劫持、证件遗失或被窃、境外滞留和拘禁等。

应急事件的报告应当明确各类应急事件报告的事项、内部报告流程和向海事管理机构报告的应急事件种类及报告事项和流程。

机构应当建立 24 小时畅通的应急联络通道，明确指定联系人和联系方式，建立海员及其家人的应急联系库。

机构应当编制各类应急事件的处理预案，预案的基本内容应包括：

(1)突发事件的处置程序；

(2)应急处理小组及成员的姓名、职务、联系方式；

(3)应急处理小组成员的任务分工；

(4)24 小时畅通的服务机构专用应急联络通道及维护制度；

(5)海员及其家属的应急联系方式及更新制度；

(6)突发事件责任人应急能力的培训及演练安排；

(7)突发事件处置的质量要求。

处理突发事件的资金保障内容包括：

(1)应当列明除已交纳的 300 万元人民币海员外派备用金之外，可用于处理突发事件的资金保障，包括资金的来源、数额、动用情形、使用程序和预决算要求等；

(2)应当明确处理突发事件的资金保障有关的管理规定；

(3)应当可以随时动用处理突发事件的保障资金，留有动用记录；

(4)应当明确如果动用了已缴纳的海员外派备用金，机构及时补齐备用金的安排。

七、外派海员的劳动权益

对海员外派业务中的中国海员而言，如果该海员与海员外派机构签订劳务中介合同后，再直接和境外船东签订劳动合同到境外船舶上工作的，则适用船旗国法律；如果该海员与作为境内用人单位的海员外派机构签订劳动合同后，以劳务派遣形式被派遣到境外船舶上工作，则既可以选择适用船旗国（其工作地）的法律，也可以选择适用中国（劳务派出地）的法律。

第四篇　船员权益和义务

第十一章　船员的工作与休息时间及休假

一、船员综合计算工时制

我国的工时制度主要分为标准工时制、不定时工时制、综合计算工时制三类。船员一般实行综合计算工时制。

1. 标准工时制

标准工时制，是由立法确定一昼夜中工作时间长度、一周中工作日天数，并要求各用人单位和一般职工普遍实行的基本工时制度。我国目前实行的是每日工作8小时、每周工作40小时的标准工时制。因此，如果用人单位安排劳动者在8小时之外工作的，就属于加点；超过8小时部分的时间，就是加点的时间。休息日、节假日安排劳动者工作的，属于加班；休息日、节假日工作时间，是加班时间。

工作日计算如下：

年工作日＝365天－104天（休息日）－11天（法定节假日）＝250天；

季工作日＝250天÷4季＝62.5天/季；

月工作日＝250天÷12月＝20.83天/月；

工作小时数的计算：以月、季、年的工作日乘以每日的8小时。

按照《劳动法》及相关规定，标准工时制下加班加点的工资按照不低于劳动合同规定的劳动者本人小时工资标准的150%（加点）、日工资标准的200%（休息日加班且不调休）、日工资标准的300%（节假日加班）支付工资。其中，折算日工资、小时工资时不剔除国家规定的11天法定节假日，具体折算法为：

日工资 = 月工资收入 ÷ 月计薪天数；

小时工资 = 月工资收入 ÷ (月计薪天数 ×8 小时)；

月计薪天数 = (365 天 − 104 天) ÷12 月 =21.75 天。

2. 不定时工时制

不定时工时制，也称不定时工作制，指因工作性质和工作职责的限制，劳动者的工作时间不能受固定时数限制的工时制度。通俗地讲，不定时工作制就是每一工作日没有固定的上下班时间限制的工作时间制度。

3. 综合计算工时制

综合计算工时制，指用人单位以标准工作时间为基础，以一定的期限为周期，综合计算工作时间的工时制度。对于实行综合计算工时制的员工，采取集中工作、集中休息、轮休调休等方式，以确保职工的身体健康和生产、工作任务的完成。

综合计算工时工作制采用的是以周、月、季、年等为周期综合计算工作时间，但其平均日工作时间和平均周工作时间应与法定标准工作时间基本相同。也就是说，在综合计算周期内，某一具体日(或周)的实际工作时间可以超过 8 小时(或 40 小时)，但综合计算周期内的总实际工作时间不应超过总法定标准工作时间，超过部分应视为延长工作时间，并应当按规定支付加班(加点)工资报酬(本人工资的 150%)；法定休假日安排劳动者工作的，按规定支付工资报酬(本人工资的 300%)。所以，认为实行综合计算工时工作制的用人单位可以不受国家延长工作时间的时间限制的观点是错误的。

我国主要的船员用人单位中船员一般实行的是以年为周期的综合计算工时制；施工船舶船员、救捞船员则实行以周、月、季、年为周期的综合计算工时工作制。

船员在船期间，以每日工作 8 小时为依据施行综合计算工时制。船员综合计算工作时间超过法定标准工作时间的部分，应视为延长工作时间，并依法支付船员延长工作时间的工资。

船员在境外船舶上工作时，其工作时间和休息时间可根据境外用人单位所在国家法律法规、相关国际公约及集体合同有关规定执行。

二、船员在船工作和休息时间制度

根据我国《劳动法》的规定，船东和船长应当采取有效措施防止船员疲劳工作，船员的正常工时标准应以每天 8 小时、每周 2 天休息日（可补休）休息和公共节假日（应补偿）休息为依据。

除紧急或超常工作情况外，船员在船工作期间的休息时间应当满足以下要求：

（1）任何 24 小时内不少于 10 小时；

（2）任何 7 天内不少于 77 小时；

（3）任何 24 小时内的休息时间可以分为不超过 2 个时间段，其中 1 个时间段至少要有 6 小时，连续休息时间段之间的间隔不应超过 14 小时。

船长按照第（2）、（3）项中规定安排休息时间时可以有例外，但是任何 7 天内的休息时间不得少于 70 小时。对第（2）项规定的每周休息时间的例外，不应当超过连续两周。在船上连续两次例外时间的间隔不应当少于该例外持续时间的两倍。对第（3）项规定的例外，可以分成为不超过 3 个时间段，其中一个时间段至少要有 6 个小时，另外两个时间段不应当少于 1 个小时。连续休息时间间隔不得超过 14 个小时。例外在任何 7 天时间内不得超过两个 24 小时时间段。

船上开展紧急集合、消防、救生和弃船演习，以及法律法规和国际公约规定的其他演习，应当以对休息时间的影响最小，且不导致船员疲劳的形式进行。

因船舶、船上人员或者货物紧急安全需要，或者为了帮助海上遇险的其他船舶或者人员等紧急情况下，船长可以不受以上规定的限制，要求船员在任何时间段进行工作，直至此种情况得到解除。紧急情况解除后，船长应当尽快安排在休息时间内工作的船员得到充分的补休。

海上的作息时间记录表，用于记录船员每天在船作息时间，并由船长或者船长指定人员和船员本人签字认可。船员应每月持有一份该作息时间记录表的复印件。

船上应当制定标准化格式的工作安排表，包括每一岗位人员在海上与港口期间的工作安排以及国家要求的最短休息时间，并由船长签字后公布在船上显著位置。

船上工作安排表和作息时间记录表均应以中英文对照形式制定。

三、船员假期与年休假

船东应确保船员享有国家法定节假日的假期和年休假。

我国目前全体公民放假的节日共有 11 天：①新年，放假 1 天（1 月 1 日）；②春节，放假 3 天；③清明节，放假 1 天（农历清明当日）；④劳动节，放假 1 天（5 月 1 日）；⑤端午节，放假 1 天（农历端午当日）；⑥中秋节，放假 1 天（农历中秋当日）；⑦国庆节，放假 3 天（10 月 1 日、2 日、3 日）。

年休假按照在船上每工作 2 个月不少于 5 日的标准安排。

四、船员加班加点时间计算

与船员实行的以年为周期的综合计算工时制密切相关的有几个重要的时间概念，《〈船员条例〉释义》解释如下：

（1）应休公休期：按每周在船工作 5 天休息 2 天，同时考虑法定节假日累计计算得到应休公休期。全年累计应休公休期 = 年累计休息日天数（104 天）+ 法定节假日总天数（11 天）－已按加班处理的法定节假日天数。在船工作时间未满 1 年或超过 1 年，累计休息日天数应当按照比例折算。船员在法定节假日轮班或集中工作时，按我国《劳动法》第 44 条第 3 款的规定获得工资报酬，即获得船员日（或小时）工资标准的 300% 的工资。

（2）实际公休期：实际公休期起算自船员离船后抵达遣返目的地的次日，止算至船员按照用人单位指示上船工作的实际启程日期的前日。

（3）待派期：实际公休期超过应休公休期的，自超过之日起算待派期，具体考虑以下几种情况：

①船员用人单位与船员的初次劳动合同生效之日起，至船员按照用人单位指示首次上船工作的实际启程日期的前日止，可视为待派期。也可根据集体合同、劳动合同及船员用人单位与船员的约定计算实际公休期。

②船员应休公休期满后，未按用人单位指示上船工作且无正当理由的，自用人单位指示其上船工作所要求的启程之日起，止算待派期，且可以继续计算实际公休期计入下一个综合计算周期。

③以上待派期未考虑船员年休假期因素。《船员条例》第 31 条对船员年休假的计算及其期间工资报酬做出了规定，如果根据该条款考虑船员年休假，其待派期还应当相应顺延。

（4）船员年休假：船员除享有国家法定的节假日外，还享有在船舶上每工作2个月不少于5日的年休假。船员用人单位应当向在年休假期的船员,支付不低于船员在船服务期间平均工资的报酬。其中,“在船服务期间工资报酬”指船员在船服务期间正常工作时间的报酬,不包括加班工资、奖金、津贴、劳务费等。船员的年休假期应该得到有效保障,等候遣返的时间和遣返旅行的时间不得从船员年休假期中扣除,船员用人单位只有在紧急情况下并征得船员同意后,方可将处于年休假期的船员召回。船员用人单位可根据《船员条例》,结合船舶工作特点和本单位的实际情况,就船员享受年休假期计算、使用、分段与累积、申请与审批等有关事宜做出具体规定。

船员综合计算工作时间超过法定标准工作时间的部分,应视为延长工作时间,并依法支付船员延长工作时间的工资。

延长船员工作时间可以分为三种情形:在船工作期间加点;在船期间法定节假日加班;综合计算工时制下的加班。

(1)船员在船工作期间加点

根据我国《劳动法》,即使采用综合计算工时制,船员的正常工时标准应以每天8小时、每周2天休息日(可补休)休息和公共节假日(应补偿)休息为依据,也即日工作时间8小时和周工作时间40小时,超过部分应视为延长工作时间,并应当按《劳动法》第44条第1款的规定以其基本工资的150%支付加班(加点)工资报酬。

(2)船员在船工作期间法定节假日加班

船员在船工作期间恰逢法定休假节日且不能休息而正常工作时,按照《劳动法》规定,用人单位应当计发不低于其基本工资300%的加班工资。

(3)综合计算工时制下船员加班

综合计算工时制的特征之一,是员工“集中休息”以恢复劳动力。综合计算工时制下船员加班,特指船员下船后实际集中休息天数比船员法定集中休息天数短。在综合计算工时制之下,船员集中休息时间应当以船员在船工作时间为基数,综合考虑船员的应休公休期、法定节假日、年休假期计算。这里提供一个简单的算法以供参考,具体如下:

船员法定集中休息天数(D_0) = 上船期间应公休天数(D_1) + 应年休假天数(D_2) + 下船后正常公休天数(D_3) + 下船期间法定节假日天数(D_4)

其中:

上船期间应公休天数(D_1)=船员上船劳动时间(n 月)×每月应公休天数=船员上船劳动时间(n 月)×年公休天数(104 天)/12 月=n 月×104 天/12 月

对比标准工时制,船员每周在船工作 5 天应休息 2 天之标准,D_1 实为折算后在船上应当休息而未休息、下船后补休的公休时间。

根据《船员条例》之规定,船员在船舶上每工作 2 个月不少于 5 日的年休假,所以,

应年休假天数(D_2)=船员上船劳动时间(n 月)×年休假 5 天/2 月=n 月×5 天/2 月

综合计算工时制下,船员在上船期间的每月应公休天数和应年休假天数(D_1+D_2)累计到下船后集中休息,其中 D_1+D_2 应当分布到下船后的每周的工作日,下船后每周的公休日相当于正常公休,那么在计算船员下船后的集中休息时间时,还应当加上该正常公休时间。在标准工时制下,每周为 5 天工作日以及 2 天正常公休时间,即正常公休时间是工作日的 2/5。因此,综合计算工时制下,船员集中休息时间中应当包括每月应公休天数和应年休假天数(D_1+D_2)的 2/5 的时间,作为其下船期间的正常公休时间,即计算公式如下:

下船后正常公休天数(D_3)=(D_1+D_2)×2/5

对于船员在船工作期间的法定节假日,船员已经得到了其日(或小时)工资标准的 300% 的工资,也不存在补休的说法;但是,在船员下船后集中休息期间,如果期间正好有法定的节假日,由于该节假日不是综合计算工时制之下的补休时间,也不应计入年休假时间,故下船集中休息期间法定节假日天数(D_4)应在上述三项之外顺延。

汇总起来,可以得到:

$$D_0 = D_1 + D_2 + D_3 + D_4$$
$$= n 月 \times 104 天/12 月 + n 月 \times 5 天/2 月 +$$
$$(n 月 \times 104 天/12 月 + n 月 \times 5 天/2 月) \times 2/5 + D_4$$

综合计算工时制下船员法定集中休息天数的计算如表 4-11-1。

综合计算工时制下船员法定集中休息天数的计算 表 4-11-1

船员上船劳动时间(n 月)	1	2	3	4	5	6	7	8	9	10	11	12
上船期间应公休天数(D_1)	8.7	17.3	26.0	34.7	43.3	52.0	60.7	69.3	78.0	86.7	95.3	104.0

续上表

船员上船劳动时间(n 月)	1	2	3	4	5	6	7	8	9	10	11	12
年休假天数(D_2)	2.5	5.0	7.5	10.0	12.5	15.0	17.5	20.0	22.5	25.0	27.5	30.0
下船后正常公休天数(D_3)	4.5	8.9	13.4	17.9	22.3	26.8	31.3	35.7	40.2	44.7	49.1	53.6
小计($D_1+D_2+D_3$)	15.6	31.3	46.9	62.5	78.2	93.8	109.4	125.1	140.7	156.3	172.0	187.6
下船期间法定节假日天数(D_4)	上述三项($D_1+D_2+D_3$)之外顺延											
船员法定集中休息天数 D_0	$D_1+D_2+D_3+D_4$											

最后计算综合工时制下船员是否存在加班：

加班天数(d) = 船员实际集中休息天数(D_a) - 船员法定集中休息天数(D_0)

经计算，如天数(d)为负值，即船员实际集中休息天数短于法定集中休息天数，该值即船员的加班时间，船员用人单位应当支付所延长的工作时间的补偿(按该船员日基本工资的200%支付加班工资)。如果天数(d)为正值，即船员实际集中休息天数比法定集中休息天数长，该值应当算作船员的待派期。

五、用人单位工时相关的法律责任

我国劳动相关法规制定了用人单位违法延长工时应当承担相应的法律责任：

(1)强迫延长工时的，劳动行政主管部门应给予警告，责令改正，并可按每名劳动者每延长工作时间 1 小时罚款 100 元以下的标准处罚；

(2)用人单位由于生产经营需要而延长工时，1 日内延长工时超过 3 小时或 1 个月内延长工时超过 36 小时的，劳动行政主管部门应给予警告，责令改正，并可按每名劳动者每超过工作时间 1 小时罚款 100

元以下的标准处罚；

(3)用人单位安排哺乳未满1周岁婴儿的女职工和怀孕7个月以上的女职工延长工作时间和夜班工作的，劳动行政主管部门应责令改正，并按每侵害一名女职工罚款3 000元以下的标准处罚。

第十二章　船员的工资

一、船员在船工资构成

船员的在船工资构成通常包括四部分:基本工资(Basic pay)、超时工资(Overtime pay)、法定节假日加班工资(Overtime pay for public holidays)、年休假工资(Leave pay)。

(1)基本工资:《公约》指正常工作时间的报酬,不包括加班报酬、奖金、津贴、带薪休假或任何其他额外报酬。《中国船员集体协议(A类)》中称之为基薪。我国的航运企业通常将"基本工资"进一步分为船员的岗位(职务)工资加上业绩工资。

(2)超时工资,《公约》中船员在海上和港口的正常工作时间每天不应超过8小时。我国《劳动法》规定的加班工资为基本工资的150%。

(3)法定节假日加班工资,我国《劳动法》规定,以基本工资(基薪)为基数,计发300%的加班工资。

(4)年休假工资。《船员条例》第31条规定,船员除享有国家法定的节假日外,还享有在船舶上每工作2个月不少于5日的年休假。船员在年休假期间,船员用人单位应当向其支付不低于船员在船服务期间平均工资的报酬。其中的"在船服务期间工资报酬"指船员在船服务期间正常工作时间的报酬,不包括加班工资、奖金、津贴、劳务费等,也即基本工资(基薪)。

此外,《中国船员集体协议(A类)》第11条规定,船员在船连续工作期限一般不超过8个月。因船舶停靠港口或者航行的航线不方便更换船员的,工作期限可适当提前或延后2个月。船员在船工作满10个月后未能下船的视为逾期。船员在船超期服务的,船东从第11个月起应向船员支付额外的超期补贴。超期补贴额度不应低于船员基薪的10%。船员在船连续服务最长不超过12个月。《中国船员集体协议(A类)》第42条规定,船舶进入战区、疫区,船东应当每天向船员支付不少于1倍基薪的特殊津贴,不足5天的至少按5天计算。

二、船员在船工资账目

船东应当每月在船上以书面形式告知船员其月薪账目，月薪账目应当至少包括上船协议约定的工资项目、额外报酬、应付报酬、实付数额。

三、船员在船工资支付

船东应当至少每月向船员支付一次工资；采取汇款方式支付的，船东、船员用人单位不得收取额外的服务费用。船员确需查询工资实际支付情况的，船东有责任协助船员获得相关的信息，并不得收取额外的服务费。

船上支付的劳动报酬采用的货币兑换率，应当按照有利于船员的标准确定，且不得低于当日国家银行执行的外汇汇率标准。

船员在船期间需将其工资的全部或者部分转给其家人、受赡养人或者法定受益人时，船东应当为其提供便利。

四、船员在船最低工资

2014 年《中国船员集体协议（A 类）》规定的船员最低工资标准如表 4-12-1 所示。

船员最低基本工资（基薪）　　表 4-12-1

职　务	基薪（美元）	职　务	基薪（美元）
1. 船长	1 971	12. 水手长	654
2. 轮机长	1 792	13. 机工长	654
3. 大副	1 272	14. 大厨	654
4. 大管轮	1 272	15. 木匠	654
5. 二副	1 018	16. 船医	654
6. 二管轮	1 018	17. 一水	585
7. 电子电气员	1 018	18. 一机	585
8. 三管轮	982	19. 服务员	435
9. 三副	982	20. 厨工	499
10. 电机员	1 018	21. 二水	435
11. 管事	708	22. 二机	435

注：基本工资（基薪），是指正常工作时间的报酬，不包括加班报酬、奖金、津贴、带薪休假或任何其他额外报酬。

五、船员待派工资

船员用人单位应当向在劳动合同有效期内的待派船员，支付不低于船员用人单位所在地人民政府公布的最低工资。待派期工资按月支付，待派期不满1个月的按比例支付。

六、船员综合计算工时制下加班工资

船员综合计算工时制下加班，特指船员下船后实际集中休息天时间短于船员法定集中休息时间，二者的差值应视为船员的加班时间。船员下船后再次由其用人单位安排上船，期间的实际集中休息时间可能超过其法定集中休息时间，也可能短于其法定集中休息时间。前一种情形，船员已处于待派状态，用人单位对实际集中休息时间超过法定集中休息时间的船员计发待派工资；后一种情形，根据我国《劳动法》规定，应当视为船员的加班时间，以船员在船期间的基本工资为计发基数，向船员支付其日工资标准的200%的加班工资。但在实务中，该加班时间及其相应的加班工资基本上为用人单位和船员所忽略。

七、船员休假待金

休假待金，是我国某些大型船东针对船员连续在船工作未能正常公休所支付的一种工资待遇。该项下船期间工资并非法定，由用人单位自设。通常，船员每在船工作一个月计发一个月标准的休假待金，休假待金总额=在船月数×休假待金月标准。虽然休假待金以在船工作时间的长短计算其总额，但并非船员在船期间支付，而是待船员离船后，按照实际在船的工作时间予以支付。休假待金的设置不影响综合计算工时制下船员正常补休公休假。船员的用人单位所支付的休假待金可以看作是对船员在船期间未正常公休的一种补偿。公休期满后，如因公司原因造成船员不能上船工作，还应向船员衔接计发待派工资。

八、用人单位工资相关的法律责任

我国《劳动合同法》规定，用人单位有下列情形之一的，由劳动行政部门责令限期支付劳动报酬、加班费：

(1)未按照劳动合同的约定或者国家规定及时足额支付劳动者劳

动报酬的。

(2)低于当地最低工资标准支付劳动者工资的。

(3)安排加班不支付加班费的,即无故拖欠、拒付加班加点工资,或无故扣除而低于法定标准发放加班加点工资的。同时还要求劳动报酬低于当地最低工资标准的,应当支付其差额部分;逾期不支付的,责令用人单位按应付金额50%以上100%以下的标准向劳动者加付赔偿金。

我国《职工带薪年休假条例》规定,用人单位不安排职工休年休假又不依照规定给予年休假工资报酬的,由县级以上地方政府人事部门或劳动保障部门依据职权责令限期改正;对逾期不改正的,除责令该单位支付年休假工资报酬外,用人单位还应当按照年休假工资报酬的数额向职工加付赔偿金。

九、远洋船员个人所得税

根据我国现行的《个人所得税法》、《个人所得税法实施条例》以及国家税务总局《关于远洋运输船员工资薪金所得个人所得税费用扣除问题的通知》等文件之精神,自2000年1月1日起,对远洋运输船员(含国轮船员和外派船员)的工资、薪金所得征收个人所得税时,采取按年计算、分月预缴的方式。同时,在统一扣除800元的基础上,准予再扣除税法规定的附加减除费用标准,即现阶段按照4 800元的标准扣除后再计算个人所得税。此外,船员的伙食费统一用于集体用餐,不发给个人,也允许该项补贴不计入船员个人的应纳税工资、薪金收入。

个人所得税的计算方法(公式)如下:

船员应缴个人所得税=(工薪收入-个人缴纳的四险一金金额-个人所得税扣除额)×税率-速算扣除数

第十三章　船员的遣返

一、遣返船员的情形

船员在船工作期间,有下列情形之一的,可以要求遣返:

(1)船员的劳动合同终止或者依法解除的;

(2)船员不具备履行船上岗位职责能力的;

(3)船舶灭失的;

(4)未经船员同意,船舶驶往战区、疫区的;

(5)由于破产、变卖船舶、改变船舶登记或者其他原因,船员用人单位、船舶所有人不能继续履行对船员的法定或者约定义务的;

(6)船员连续在同一船上服务超过 12 个月的。

《中国船员集体协议》第 49 条还要求,船员配偶、子女、父母死亡或病危的;或者由于不可抗力造成的其他应当遣返的情况,船员要求遣返的,船东也应当同意。该集体协议第 51 条也要求,船东对于新招募的船员,在试用期内,如果发现其不称职,可以依法与其解除劳动合同,将其遣返或与船员协商降职使用。如果遣返,遣返费用由船东支付。

船东与船员签订上船协议时应当约定船员提出遣返的合理时间,船员应当在约定的时间内提出遣返要求,以便船东安排遣返。

二、遣返目的地

对于满足遣返条件的船员,船东应当及时做出安排,并通过方便、快捷的方式使船员抵达遣返目的地。船员可以从下列地点中选择遣返地点:

(1)船员接受招用的地点或者上船任职的地点;

(2)船员的居住地、户籍所在地或者船籍登记国;

(3)船员与船员用人单位或者船舶所有人约定的地点。

三、遣返费用

除非船员经海事管理机构认定出现严重违反海事管理规定的情

况，船员的遣返费用由船东支付。遣返费用包括船员乘坐交通工具的费用、旅途中合理的食宿及医疗费用和30公斤以内行李的运输费用。船员用人单位不得要求船员在开始受雇时预付遣返费用。

四、遣返权利的保护

船员的遣返权利受到侵害的，由当地民政部门或者中华人民共和国驻境外领事机构向船员提供援助；必要时，可以直接安排船员遣返。民政部门或者中华人民共和国驻境外领事机构为船员遣返所垫付的费用，船员用人单位应当及时返还。船员用人单位、船舶所有人不履行规定的遣返义务的，由海事管理机构责令改正，处3万元以上15万元以下罚款。此外，船员遣返费用的给付请求可以船舶优先权担保。

五、用人单位遣返相关的法律责任

船员用人单位、船舶所有人不履行遣返义务的，由海事管理机构责令改正，并处30 000元以上100 000元以下罚款。

第十四章　船员的经济补偿

一、船员劳动合同解除和终止的补偿

经济补偿，也称为离职费或遣散费，即劳动合同解除或终止时，用人单位在法定条件下应当按照法定标准向劳动者支付的经济补偿金。经济补偿属于用人单位向劳动者支付的离职补贴或失业补偿，用人单位应一次性支付给劳动者，且必须以货币支付，而不能以实物或其他方式支付，经济补偿须按照法定标准支付。

有关劳动合同解除的经济补偿事由规定如下：

(1)因用人单位有《劳动合同法》第 38 条规定的违反劳动合同和劳动与社会保障法律法规的情形，劳动者即时辞职；

(2)用人单位依照《劳动合同法》第 36 条规定向劳动者提出解除劳动合同并与劳动者协议解除劳动合同；

(3)因劳动者有《劳动合同法》第 40 条规定的由于健康、劳动能力的原因，或由于劳动合同订立时所依据的客观情况发生重大变化，不能履行劳动合同，用人单位经努力仍无效果而预告辞退；

(4)用人单位由于有《劳动合同法》第 41 条第 1 款规定企业破产重整、生产经营发生严重困难等劳动合同订立时所依据的客观经济情况发生重大变化，致使劳动合同无法履行，而依法进行规模裁员。

有关劳动合同终止的经济补偿事由规定如下：

(1)除用人单位维持或者提高劳动合同约定条件续订劳动合同，劳动者不同意续订的情形外，固定期限劳动合同期满终止；

(2)劳动合同因用人单位被依法宣告破产，被吊销营业执照、责令关闭或撤销，或者用人单位决定提前解散而终止。

根据《劳动合同法》第 46 条至 48 条，有关经济补偿的标准，一般情况下，经济补偿按劳动者在本单位工作的年限，每满 1 年支付 1 个月工资的标准向劳动者支付。6 个月以上不满 1 年的，按 1 年计算；不满 6 个月的，向劳动者支付半个月工资的经济补偿。但劳动者月工资高于用人单位所在直辖市、设区的市级人民政府公布的本地区上年度职工月平均工资3倍的，向其支付经济补偿的标准按职工月平均工资3倍的数额支付，向其支付经济补偿的年限最高不超过12年。而劳动者的月平均工资低于企业月平均工资的，按企业月平均工资的标准支付。这里，月平均工资指劳动者在劳动合同解除或者终止前12个月的平均工资。

根据《劳动合同法》第87条，用人单位违反《劳动合同法》规定解除或者终止劳动合同，劳动者要求继续履行劳动合同的，用人单位应当继续履行；劳动者不要求继续履行劳动合同或者劳动合同已经不能继续履行的，用人单位应当依照劳动合同解除和终止经济补偿标准的2倍向劳动者支付赔偿金。

根据《劳动合同法》第85条，用人单位应依法向劳动者支付经济补偿，逾期不支付的，由劳动行政部门责令用人单位按应付金额50%以上100%以下的标准向劳动者加付赔偿金。

船员劳动合同解除和终止的经济补偿规则与普通劳动合同相同。

二、船舶灭失或沉没时对船员的补偿

根据《2006年海事劳工公约》标准A2.6规定，成员国应制定相应的国内法，以确保在船舶灭失或沉没的情况下，船东向因此而失业的船员支付补偿；该国内法不妨碍船员根据成员国其他法律因船舶灭失或沉没而造成损失或伤害时可能享有的其他权利。

《2006年海事劳工公约》导则B2.6建议，对因船舶灭失或沉没而造成的失业所给予的补偿，在船员实际失业期间，应与就业协议中所规定的可支付工资相同，但向一个船员支付的赔偿总额可仅限于2个月的工资。各成员国应确保船员享有索取失业补偿的法律救济，该法律救济与其索取服务期间的拖欠工资所享受的法律救济相同。

我国对船舶灭失或沉没情况下船员的失业补偿（经济补偿）未做特殊规定，但考虑到《2006年海事劳工公约》标准A2.6的立法本义和我国劳动法有关劳动者经济补偿之规则，在船舶灭失或沉没情况下，如果用人单位与船员并未因此而终止或者解除劳动合同，比如短期内即按照与原上船协议类似条件将船员改派到另外一艘船舶上任职，则船员并未因此而失业；相应地，船东（用人单位）无须支付失业补偿。

除非用人单位明确地解除船员劳动合同，或者因船舶灭失或沉没导致客观情况发生重大变化（如船员的健康、劳动能力因此事故受到影响，或者船东因此而破产重整、生产经营发生严重困难等），则船东（用人单位）须向船员支付失业补偿（经济补偿）。

第十五章　船员的船上生活条件

一、船员的起居舱室和娱乐设施

船东应当提供保持船员健康的起居舱室环境，确保船舶设备、设施和建造要求持续符合船舶检验技术规范的规定，并取得船员舱室设备的证明文件。

船长或者经船长授权的船员应当每周对起居舱室进行检查，确保起居舱室维持健康、卫生和安全舒适的状况，并保存检查记录。

（1）船东应当为船员免费提供船上的娱乐和福利设施；

（2）船东为船员提供的船岸电话通信、电子邮件、互联网和邮件的投递，不得收取额外的费用；

（3）船东应当为船员提供可阅读和集中学习的场所和设施；

（4）船东应当采取适当的措施，在满足保安审查的条件下，保证船舶在港口停留期间允许船员的亲属和朋友登船探视；

（5）船东应当在满足船舶安全条件的情况下允许船员的配偶陪同其航海。船员的配偶应当投有充分的人身意外和疾病保险，船东应当为其获得这种保险给予必要的帮助；

（6）船长或者经船长授权的船员应当负责船上娱乐设施的管理和维护。

二、船上厨师和膳食服务辅助人员的配备

在从事商业活动的中国籍国际航行海船上从事船上厨师工作的船员，应经过规定内容的培训，并持有有效的《船上厨师培训合格证明》；除船上厨师外的负有协助厨师制备船员膳食、为船员进餐提供服务及清洁厨房和餐厅等责任的船员（以下简称“膳食服务辅助人员”）在船工作需持有《膳食服务辅助人员培训证明》。

配员 10 人及以上的船舶，应配备持有有效《船上厨师培训合格证明》的船上厨师；配员 10 人以下的船舶，船上厨师可由接受过适当培

训和指导的膳食服务辅助人员担任。

船舶出现因不可抗力或者其他导致持证船上厨师不能履行职务的特殊情况,应当向海事管理机构申请签发特免证明,由本船的膳食服务辅助人员临时履行厨师职责,直到下一个方便的挂靠港或时间不超过一个月。

不得雇用或聘用 18 岁以下的船员担任船上厨师工作。

三、船员的膳食标准

船东应当根据船舶航行计划免费向船员提供数量、质量和营养价值等方面均满足实际需要的食品和饮用水;在提供食物时,应注意尊重船员的宗教信仰、社会习惯,并提供必要的餐具。

2014 年《中国船员集体协议》将船员最低伙食费标准设定为:全球航线 8 美元/人 · 天、东南亚航线 6 美元/人 · 天。

四、船员的膳食管理

船上应当成立膳食委员会,负责船上膳食管理,保证在良好卫生条件下为船员提供符合标准的膳食,并将膳食费用使用情况、食品和饮用水采购情况、膳食安排计划定期向船上全体船员公示。

船长或者经船长授权的船员,应当根据船舶航行的实际情况,至少每周对船上食品、饮用水和膳食服务设施等情况进行检查,并保存检查记录。

五、船员的膳食卫生

我国国际航行船舶应当持有卫生证书,并由港口卫生检疫部门进行卫生检查。国境卫生检疫机关根据国家规定的卫生标准,对国境口岸的卫生状况和停留在国境口岸的入境、出境的交通工具的卫生状况实施卫生监督,其中包括检查和检验交通工具的食品、饮用水及其储存、供应、运输设施。国境卫生检疫机关的卫生监督员,有权对国境口岸和入境、出境的交通工具进行卫生监督和技术指导,对卫生状况不良和可能引起传染病传播的因素提出改进意见,协调有关部门采取必要的措施,进行卫生处理。

六、用人单位船上生活和工作条件相关的法律责任

船员在船舶上生活和工作场所不符合国家船舶检验规范中有关船员生活环境、作业安全和防护要求的，由海事管理机构责令改正，并处船员用人单位或船舶所有人30 000元以上100 000元以下罚款。

第十六章　船员的劳动防护

一、船东在船员劳动防护方面的责任

船东有责任确保船员在需要时免费获得合适的劳动防护用品。

船东应确保船员所需要的劳动防护用品符合设计和生产的标准、有效并适用于所面对的危险。劳动防护用品应符合下述条件：

(1)适用于所涉及的风险,以及所执行的任务,又不会使风险明显增加；

(2)经过必需的调整后,对船员而言完全合身；

(3)符合人类工程学的要求以及船员的健康状况；

(4)在船员将之与其他用品一并使用时,仍能有效预防风险。

船东要按照规定,确保将劳动防护用品定期检查、保养或维修;维修及任何修理的申请与执行,均须记录在案。

制造商的说明书应与有关用品一并妥善存放,以便在使用前及进行维修时翻阅。防护用品在使用后应妥善地存放。应保持劳动防护用品的清洁,为保持卫生起见,有需要时要进行消毒。

船员必须在使用劳动防护用品前接受适当训练,包括认识该项用品的功能极限。所有接受训练的记录,均须备案。

二、船员劳动防护用品的配备

工作服、手套和防护鞋是适用于船上一般工作的最常见的防护用品。有经验的船员可以根据对实际情况的风险评估,选用合适的个人防护用品,以应付将会遇到的危险及要进行的工作。个人防护用品分为以下几类：

(1)头部保护:安全头盔、防撞帽、发网；

(2)听觉保护:耳罩、耳塞；

(3)面部及眼部保护:护目镜及眼镜、面罩；

(4)呼吸道保护:装备防尘面罩、空气过滤器、呼吸器具；

(5)手部及足部保护:手套、安全鞋及靴；

(6)全身保护:安全衣物、安全带、安全背心、围裙、反光衣物;

(7)防溺水:救生衣、救生浮具及救生圈;

(8)防止体温过低:潜水衣及防曝晒保护服。

船员在收到防护用品或衣物并执行任务时,必须穿上,并遵照使用说明书使用。船员每次使用劳动防护用品前,必须先行检查。在使用防护用品时,船员应按照所接受过的训练,并遵照制造商的使用说明书,使用该项用品。以下是根据《个体防护装备选用规范》(中华人民共和国国家标准 GB/T 11651—2008),船东为船员在不同作业场所提供的劳动防护用品类型的示例(表4-16-1)。

劳动防护用品穿戴表 表4-16-1

作业场所界定	劳防用品名称	安全帽	工作服	劳防皮鞋	工作手套	护眼镜或眼罩	防护面罩	口罩	工作帽	安全带	要求
特定作业场所作业	(1)敲锈、粉尘作业	√	√	√	√	√		√			水泥装卸作业场所应穿防尘工作服
	(2)高空、舷外作业	√	√		√					√	不准穿大衣,不准戴皮手套,安全带要系在上方牢固可靠的地方;舷外作业还应穿救生衣
	(3)电焊作业	√	√	√	√	√	√				使用绝缘手套、仰焊时戴皮手套,清理焊渣时戴防护眼镜
	(4)气焊气割作业	√	√	√	√	√					使用有色眼镜

续上表

作业场所界定	劳防用品名称	安全帽	工作服	劳防皮鞋	工作手套	护眼镜或眼罩	防护面罩	口罩	工作帽	安全带	要　求
特定作业场所作业	（5）车床、刨床、钻床、砂轮机（含砂轮切割机）作业	√	√	√		√					严禁戴手套作业
	（6）蓄电池（含接触酸碱等腐蚀性物质）作业	√	√	√	√	√					应戴橡胶手套
	（7）厨房炊事		√	√					√		厨房炊事工作人员上岗须戴工作帽
其他作业场所及作业		√	√	√	√						驾驶室、机舱集控室内当值时，及服务员进行一般性的正常工作时可免戴安全帽、手套。（外贸船机舱需配耳塞）。靠离泊作业时，严禁穿大衣及大衣式雨衣（现场指挥除外）

第十七章　船员的医疗

一、船上医疗人员的配备

为使船员在船上工作期间能够得到迅速和适当的医疗，载员100人及以上、并且航程在3天以上的国际航行船舶，应当至少配备1名专职医生负责船上的医疗服务。无须配备医生的船舶，应当至少有1名船员负责船上的急救、医护和药品管理工作；其中负责船上急救工作的船员应当持有精通急救培训合格证，负责船上医护和药品管理工作的船员应当持有船上医护培训合格证。

二、船上医疗设施和设备的配备与维护

船东应当根据船舶的类型、船上人员的数量、航次性质、目的地和航程，按照《船舶与海上设施法定检验规则》的要求，为其船舶配备足够的医疗设施和设备，以及国际船舶医疗指南和能获得医疗指导的无线电台清单。船长或者负责医疗、急救和药品管理的船员，应当妥善维护船上配备的医疗设施、设备和指南，每年对全部药品的标签、有效期、存放条件、用法用量以及医疗设备的功能等至少进行一次全面检查，并保持检查记录。

三、船上医疗服务的提供

船东应当向在船工作的船员提供免费医疗和健康保护，包括基本的牙科治疗，并及时提供合理的就医便利。

船东应当保证船舶具有通过无线电或者卫星通信获得医疗指导的能力。中华人民共和国海事局制定标准的中英文对照船员医疗报告表，供船长和相关的岸上和船上医疗人员使用。医疗报告表内容只限于对船员的疾病治疗，接触到医疗报告表的人员应当对内容予以保密。

此外，《中国船员集体协议（A类）》（2014）第33条、第34条规定，船员在船期间发生伤病，船东应当及时安排必要的治疗（包括住院治

疗),直至痊愈或者医院治疗期结束,并支付船员医疗费和食宿费;船舶驶经战区,船东应当为船员办理人身保险;船舶驶经疫区或者运输有毒、有害物质,船东应当为船员办理健康保险,并提供相应的防护措施。

四、船东对船员疾病、受伤或死亡的责任

根据《2006 年海事劳工公约》标准 A4.2,对船员因就业而产生的疾病、受伤或死亡导致的经济后果,船东应当给予实质性援助和支持。这些援助和支持包括:通过财务担保手段支付船员伤病期间的工资、承担船员伤病期间的医疗和膳宿费用、补偿船员死亡的丧葬费用。

《中国船员集体协议(A 类)》第 45 条~第 48 条要求,船员在船期间发生或者源于这期间工作而发生疾病或者受伤的,船东应当及时为船员安排治疗。其治疗期为三种情况之一:直至痊愈、确诊为永久性疾病或者永久性残疾、约定的治疗期届满。双方约定的治疗期不应少于 16 周。生病或受伤船员在船期间,船东应向其支付全部医疗费和全额在船工资。船员离船治疗的,受伤船员在治疗期内船东应当负责支付船员的全部医疗费和全额在船工资;在船生病的船员在治疗期内,船东应按照法律法规的规定支付全部医疗费和不低于公休工资或待派工资的工资,两者以较高者为标准。

船员在被雇佣期间,包括上船或者遣返途中,因意外事故死亡或者遭受永久残疾的,船东应当按照有关法律法规的相关规定和船员劳动合同的约定,予以及时赔偿。这里的"赔偿"指船东按照普适于所有劳动者的《社会保险法》及其附属规范,给予船员职工基本医疗保险赔付或和工伤保险赔付。

船东依法参加社会保险后,可以为在船船员的疾病、伤残、死亡,向声誉良好的船东互保协会或者保险公司投保。出险后,船东应当负责追索保险赔偿金,并及时、全额转交船员或者死亡船员的继承人。

船员在船期间,包括上船或者遣返途中,发生死亡的,船东除应当支付赔偿外,还需付清该船员所有应得的收入,返还遗物,妥善安置骨灰或遗体。

《船员条例》第 60 条规定,船员在船工作期间患病或者受伤,未及时给予救治的。由海事管理机构责令改正,并处船员用人单位或船舶所有人 30 000 元以上 100 000 元以下罚款。

五、船舶安全委员会

配员 5 人及以上的船舶应当成立由船长负责的船舶安全委员会。船舶安全委员会应当承担履行和实施船舶职业安全和健康方针、计划的具体责任,并对在船上工作的船员定期开展相关职业安全和健康保护及事故预防等内容的培训。船舶安全委员会会议每 3 个月应当至少举行 1 次,做好会议记录并形成安全委员会报告,由船长签字确认后随船备查。

第十八章　船员的社会保障

一、船员的社会保障概述

《2006年海事劳工公约》标准A4.5要求，成员国为逐步完成规则4.5中的全面社会保障保护需要考虑的分项包括：医疗、疾病津贴、失业津贴、老年津贴、工伤津贴、家庭津贴、生育津贴、病残津贴和遗属津贴，并由规则4.1规定的船上医疗、规则4.2规定的船东对船员疾病、受伤或死亡的责任，以及公约其他标题所提供的保护来补充。这九个分项，成员国所提供的保护应至少包括其中的三个，导则B4.5则进一步建议，这三个分项应至少包括医疗、疾病津贴和工伤津贴。

在这九个分项中，除家庭津贴外，其他八项津贴大致与我国的现有社会保险项目相对应：养老保险（老年津贴）、工伤保险（工伤津贴、病残津贴、遗属津贴）、失业保险（失业津贴）、医疗保险（医疗、疾病津贴）、生育保险（生育津贴）。由于国际劳工组织对各项津贴的定义与我国各项保险待遇不完全相同，故这里的“对应”并非完全一致。我国未针对船员的社会保障制定特别规则，因此，船员的社会保障与普适性的社会保障相同，以下介绍我国的各社会保险分项。

二、船员的基本养老保险

1. 基本养老保险的缴纳

我国养老保险制度实行国家基本养老保险、企业补充养老保险和个人储蓄性养老保险相结合的制度结构，其中，前者由国家强制执行，后两者则是自愿购买。根据《社会保险法》第10条～第18条和国务院下发的《关于深化企业职工养老保险制度改革的通知》（国发[1995]6号）、《关于建立统一的企业职工基本养老保险制度的决定》（国发[1997]26号）、《关于完善企业职工基本养老保险制度的决定》（国发[2005]38号）等文件之规定，职工参加基本养老保险，由用人单位和职工共同缴纳基本养老保险费。用人单位缴纳基本养老保险费的比例，一般不得超过本单位工资总额的20%，具体比例由省、自治区、直辖市的人民政府确定。个人缴纳基本养老保险费的比例,最终要达到本人缴费工资的8%,个人缴费一般不需个人到社会保险经办机构去缴纳,而是由单位从工资中代扣代缴。目前各省市用人单位和个人缴纳基本养老保险费的比例不同,且在不断调整。

城镇异地就业的职工和农民合同制职工参加单位所在地的社会保险,社会保险经办机构为职工建立基本养老保险个人账户,城镇异地就业的职工在缴费单位所在地按规定享受社会保险待遇。农民合同制职工在终止或解除劳动合同后,社会保险经办机构可以将基本养老保险储存额及失业保险生活补助一次性发给本人。

未在用人单位参加基本养老保险的从业人员也可以参加基本养老保险,但由个人缴纳基本养老保险费,其基本养老保险费以当地上年度在岗职工的平均工资的20%作为标准缴费——其中的12%归入基本养老保险社会统筹基金,8%仍然记入个人账户。

2. 基本养老金的领取资格

达到退休年龄——男性年满60周岁,女性年满50周岁;缴费年限达15年。

3. 基本养老金的计发办法

2005年《国务院关于完善企业职工基本养老保险制度的决定》(下简称《决定》)规定:《国务院关于建立统一的企业职工基本养老保险制度的决定》(国发[1997]26号)实施后参加工作、缴费年限(含视同缴费年限)累计满15年的人员,退休后按月发给基本养老金。基本养老金由基础养老金和个人账户养老金组成。退休时的基础养老金月标准以当地上年度在岗职工退休时城镇人口平均预期寿命、本人退休年龄、利息等因素确定。国发[1997]26号文件实施前参加工作、本决定实施后退休且缴费年限累计满15年的人员,在发给基础养老金和个人账户养老金的基础上,再发给过渡性养老金。各省、自治区、直辖市人民政府要按照待遇水平合理衔接、新老政策平稳过渡的原则,在认真测算的基础上,制订具体的过渡办法,并报劳动保障部、财政部备案。《决定》实施后到达退休年龄但缴费年限累计不满15年的人员,不发给基础养老金;个人账户储存额一次性支付给本人,终止基本养老保险关系。《决定》实施前已经离退休的人员,仍按国家原来的规定发给基本养老金,同时执行基本养老金调整办法。

4. 公民对于养老保险个人账户的权利

公民个人养老保险账户中的财产受法律保护，职工异地转换工作时，个人账户的财产随之转移；职工或退休人员死亡，其个人账户中的个人缴费部分可以继承。

三、船员的职工基本医疗保险

1. 基本医疗保险的缴纳

我国基本医疗保险制度包括城镇职工基本医疗保险、城镇居民医疗保险和新型农村合作医疗，分别覆盖城镇就业人群、城镇非就业人群和农村户籍人群。其中，城镇职工基本医疗保险由用人单位和职工按照国家规定共同缴纳基本医疗保险费，建立医疗保险基金，参保人员患病就诊发生医疗费用后，由医疗保险经办机构给予一定的经济补偿，以避免或减轻劳动者因患病、治疗等所带来的经济风险。

根据《社会保险法》第 23 条 ~ 第 32 条、国务院下发的《关于建立城镇职工基本医疗保险制度的决定》(国发[1998]44 号)、劳动保障部等部门《关于印发城镇职工基本医疗保险定点医疗机构管理暂行办法的通知》(劳社部发[1999]14 号)、原劳动部 1994 年发布的《企业职工患病或非因工负伤医疗期规定》等文件之规定，职工基本医疗保险覆盖城镇所有用人单位和职工，包括所有机关、事业单位、各种类型企业、社会团体和民办非企业单位的职工和退休人员。用人单位按工资总额的 6% 左右缴费，具体比例由各地确定；个人按本人工资的 2% 缴费。个人缴费一般不需个人到社会保险经办机构去缴纳，而是由单位从工资中代扣代缴。个人缴费全部计入个人医疗保险账户，单位缴费的 30% 左右划入个人医疗保险账户，其余建立统筹基金。

城镇异地就业的职工和农民合同制职工参加单位所在地的社会保险，社会保险经办机构为职工建立基本医疗保险个人账户。城镇异地就业的职工在缴费单位所在地按规定享受社会保险待遇；农民合同制职工在终止或解除劳动合同后，社会保险经办机构可以将基本医疗保险个人账户储存额及失业保险生活补助一次性发给本人。

未在用人单位参加职工基本医疗保险的从业人员或其他灵活就业人员可以以个人身份参保参加职工基本医疗保险，其缴费基数按统筹地区上年度职工平均工资确定，缴费比例和享受的基本医疗保险待遇，执行统筹地区的规定，不过，其职工基本医疗保险的缴费基数和缴费比例在不同地区是不同的。比如，《广州市城镇灵活就业人员基本医疗保险试行办法》（穗府办〔2011〕34号）第4条规定，选择参加本市城镇职工基本医疗保险的灵活就业人员，以上年度本市单位职工月平均工资为基数，每人每月按10%的标准缴纳基本医疗保险费，并按本市医疗保险规定缴纳重大疾病医疗补助金；而《上海市人力资源社会保障局关于灵活就业人员参加本市城镇职工基本养老、医疗保险若干问题的通知》（沪人社养发〔2013〕22号）第3条则规定，灵活就业人员缴纳医疗保险费的基数为上年度全市职工月平均工资的60% ~ 300%，缴纳基本医疗保险费的比例为14%。

2. 基本医疗保险缴费年限的计算

参加职工基本医疗保险的个人，缴费年限累计计算；基本医疗保险关系转移接续时，基本医疗保险缴费年限累计计算。

3. 基本医疗保险的支付

职工在因病或非因工负伤后，应在选定的定点医疗机构就医，并可自主决定在定点医疗机构购药或持处方到定点零售药店购药。在其住院期间，享受相应的医疗待遇，其医疗费用根据各统筹区域的规定给予一定份额的报销。起付标准原则上控制在当地职工年平均工资的10%左右，最高支付限额原则上控制在当地职工年平均工资的4倍左右。起付标准以下的医疗费用，从个人账户中支付或由个人自付。起付标准以上、最高支付限额以下的医疗费用，主要从统筹基金中支付，个人也要负担一定比例。超过最高支付限额的医疗费用，一般通过商业医疗保险等途径解决。统筹基金的具体起付标准、最高支付限额以及在起付标准以上和最高支付限额以下医疗费用的个人担负比例，由统筹地区根据以收定支、收支平衡的原则确定。

另外，在职工医疗期间应当给付其疾病津贴待遇，一般相当于该职工正常工资水平的80%左右。职工因为疾病或非因工负伤的医疗期最短3个月，最长24个月，特殊情况最多可以延长6个月。

4. 职工伤残疾病期间的待遇

职工如果经有关部门鉴定，属于一到四级残疾的，应当退出劳动岗位，与用人单位终止劳动关系，享受退休或退职待遇。职工如果经有关部门鉴定，属于五到十级残疾的，在规定的医疗期内用人单位不得将其辞退，应当为其另行安排工作，职工对新的工作岗位不胜任的，继续发给疾病津贴。规定的医疗期满，如果职工不能胜任新的工作岗位，用人单位可以与其解除劳动合同，但应当发给经济补偿金。

5. 公民对于医疗保险个人账户的权利

职工个人医疗保险账户的本金和利息均归职工个人所有，可以结转使用和继承。因此，参加基本医疗保险的职工死亡后，其个人医疗账户仍有余额的，可作为遗产，由其亲属按《继承法》规定实施继承。同时，其个人医疗账户台账、《职工医疗社会保险手册》由医疗社会保险机构收回注销。

四、船员的工伤保险

工伤保险又称职业伤害保险或职业伤害赔偿保险，指国家在劳动者因为工作遭遇事故伤害或患职业病的风险时给予其本人及家属物质帮助，使其获得医疗救治和经济补偿的一项社会保障制度。

1. 工伤保险的覆盖范围

根据《社会保险法》第 33 条～第 43 条、国务院《工伤保险条例》、人力资源和社会保障部《工伤认定办法》、劳动保障部会同财政部、卫生部、安全监督局发布的《关于工伤保险费率问题的通知》等文件之规定，凡是中华人民共和国境内的各类企业及其职工，均属于工伤保险统筹的范围。此外，凡是与用人单位建立劳动关系的农民工，用人单位应当为他们办理参加工伤保险的手续。

2. 工伤保险的缴纳

工伤保险基金来源于用人单位缴纳的工伤保险费，劳动者个人不需要缴纳保险费用。工伤保险基金在直辖市和设区的市实行全市统筹，其他地区的统筹层次由省、自治区人民政府确定。国家根据不同行业的工伤风险程度确定行业的差别费率，并根据工伤保险费使用、工伤发生率等情况在每个行业内确定若干费率档次。用人单位缴纳工伤保险费的数额为本单位职工工资总额乘以单位缴费费率之积。工伤保险基金存入社会保障基金财政专户，用于工伤保险待遇、劳动能力鉴定以及法律、法规规定的用于工伤保险的其他费用的支付。

3. 工伤的认定

职工有下列情形之一的，应当认定为工伤：①在工作时间和工作场所内，因工作原因受到事故伤害的；②工作时间前后在工作场所内，从事与工作有关的预备性或者收尾性工作受到事故伤害的；③在工作时间和工作场所内，因履行工作职责受到暴力等意外伤害的；④患职业病的；⑤因工外出期间，由于工作原因受到伤害或者发生事故下落不明的；⑥在上下班途中，受到机动车事故伤害的；⑦法律、行政法规规定应当认定为工伤的其他情形。

有下列情形之一的，视同工伤：①在工作时间和工作岗位，突发疾病死亡或者在48小时之内经抢救无效死亡的；②在抢险救灾等维护国家利益、公共利益活动中受到伤害的；③职工原在军队服役，因战、因公负伤致残，已取得革命伤残军人证，到用人单位后旧伤复发的。

职工有下列情形之一的，不得认定为工伤或者视同工伤：①因犯罪或者违反治安管理伤亡的；②醉酒导致伤亡的；③自残或者自杀的。

4. 工伤认定的申请

职工发生事故伤害或者按照职业病防治法规定被诊断、鉴定为职业病，所在单位应当自事故伤害发生之日或者被诊断、鉴定为职业病之日起30日内，向统筹地区劳动保障行政部门提出工伤认定申请。遇有特殊情况，经报劳动保障行政部门同意，申请时限可以适当延长。用人单位未按上述规定提出工伤认定申请的，工伤职工或其直系亲属、工会组织在事故伤害发生之日或者被诊断、鉴定为职业病之日起1年内，可以直接向用人单位所在地统筹地区劳动保障行政部门提出工伤认定申请。

5. 工伤的待遇

发生工伤受到伤害的职工可以在与原单位签订服务协议的医疗机构就医，情况紧急时可以先到就近的医疗机构急救。

工伤职工因日常生活或者就业需要，经劳动能力鉴定委员会确认，可以安装假肢、矫形器、假眼、假牙和配置轮椅等辅助器具，所需费用按照国家规定的标准从工伤保险基金支付。

职工住院治疗工伤的，由所在单位按照单位因公出差伙食补助标准的70%发给住院伙食补助费；经医疗机构出具证明，报经办机构同意，工伤职工到统筹地区以外就医的，所需交通、食宿费用由所在单位按照本单位职工因公出差标准报销。

职工因工作遭受事故伤害或者患职业病需要暂停工作接受工伤

医疗的,在停工留薪期内,原工资福利待遇不变,由所在单位按月支付。停工留薪一般不超过 12 个月。伤情严重或者情况特殊,经设区的市级劳动能力鉴定委员会确认,可以适当延长,但延长不得超过 12 个月。工伤职工评定伤残等级后,停发原待遇,按照有关规定享受伤残待遇。工伤职工在停工留薪期满后仍需治疗的,继续享受工伤医疗待遇。

生活不能自理的工伤职工在停工留薪期需要护理的,由所在单位负责。工伤职工已经评定伤残等级并经劳动能力鉴定委员会确认需要生活护理的,从工伤保险基金按月支付生活护理费。生活护理费按照生活完全不能自理、生活大部分不能自理或者生活部分不能自理三个不同等级支付,其标准分别为统筹地区上年度职工月平均工资的 50%、40%或者 30%。

职工因工伤致残被鉴定为一级至四级伤残的,保留劳动关系,退出工作岗位,享受以下待遇:①从工伤保险基金按伤残等级支付一次性伤残补助金,标准为:一级伤残为 24 个月的本人工资,二级伤残为 22 个月的本人工资,三级伤残为 20 个月的本人工资,四级伤残为 18 个月的本人工资。②从工伤保险基金按月支付伤残津贴,标准为:一级伤残为本人工资的 90%,二级伤残为本人工资的 85%,三级伤残为本人工资的 80%,四级伤残为本人工资的 75%。伤残津贴实际金额低于当地最低工资标准的,由工伤保险基金补足差额。③工伤职工达到退休年龄并办理退休手续后,停发伤残津贴,享受基本养老保险待遇。基本养老保险待遇低于伤残津贴的,由工伤保险基金补足差额。职工因工致残被鉴定为一级至四级伤残的,由用人单位和职工个人以伤残津贴为基数,缴纳基本医疗保险费。

职工因工致残被鉴定为五级、六级伤残的,享受以下待遇:①从工伤保险基金按伤残等级支付一次性伤残补助金,标准为:五级伤残为 16 个月的本人工资,六级伤残为 14 个月的本人工资。②保留与用人单位的劳动关系,由用人单位安排适当工作。难以安排工作的,由用人单位按月发给伤残津贴,标准为:五级伤残为本人工资的 70%,六级伤残为本人工资的 60%,并由用人单位按照规定为其缴纳应缴纳的各项社会保险费。伤残津贴实际金额低于当地最低工资标准的,由用人单位补足差额。经工伤职工本人提出,该职工可以与用人单位解除或者终止劳动关系,由用人单位支付一次性工伤医疗补助金和伤残就业补助金。具体标准由省、自治区、直辖市人民政府规定。工伤职工工伤复发,确认需要治疗的,享受与之前同等的工伤待遇。

职工因工死亡,其直系亲属按照下列规定从工伤保险基金领取丧葬补助金、供养亲属抚恤金和一次性工亡补助金:①丧葬补助金为6个月的统筹地区上年度职工月平均工资。②供养亲属抚恤金按照职工本人工资的一定比例发给由因工死亡职工生前提供主要生活来源、无劳动能力的亲属。标准为:配偶每月40%,其他亲属每人每月30%,孤寡老人或者孤儿每人每月在上述标准的基础上增加10%。核定的各供养亲属的抚恤金之和不应高于因工死亡职工生前的工资。供养亲属的具体范围由国务院劳动保障行政部门规定。③一次性工亡补助金标准为48个月至60个月的统筹地区上年度职工月平均工资。具体标准由统筹地区的人民政府根据当地经济、社会发展状况规定,报省、自治区、直辖市人民政府备案。

伤残津贴、供养亲属抚恤金、生活护理费由统筹地区劳动保障行政部门根据职工平均工资和生活费用变化等情况适时调整。调整办法由省、自治区、直辖市人民政府规定。

职工因工外出期间发生事故或者在抢险救灾中下落不明的,从事故发生当月起3个月内照发工资,从第4个月起停发工资,由工伤保险基金向其供养亲属按月支付供养亲属抚恤金。生活有困难的,可以预支一次性工亡补助金的50%。职工被人民法院宣告死亡的,按照职工因工死亡的规定处理。

用人单位分立、合并、转让的,承继单位应当承担原用人单位的工伤保险责任;原用人单位已经参加工伤保险的,承继单位应当到当地经办机构办理工伤保险变更登记。

6. 工伤待遇的停止

工伤职工有下列情形之一的,停止享受工伤保险待遇:①丧失享受待遇条件的;②拒不接受劳动能力鉴定的;③拒绝治疗的;④被判刑正在收监执行的。

五、船员的失业保险

失业保险是国家为其公民提供的物质救济制度之一,指当公民因为遭遇暂时失去工作的风险时,国家在物质上给予其暂时帮助以避免使其在失业期间陷入生活困境的社会保障制度。

1. 失业保险的覆盖范围

根据《社会保险法》第44条~第52条、国务院《失业保险条例》等法律法规之规定,城镇企业事业单位、城镇企业事业单位职工应当参加失业保险。其中,"城镇企业"指国有企业、城镇集体企业、外商投资企业、城镇私营企业以及其他城镇企业。需要注意的是,失业人员不包括乡镇企业的职工。

2. 失业保险基金的构成和来源

失业保险基金由下列各项构成:①城镇企业事业单位、城镇企业事业单位职工缴纳的失业保险费。城镇企业事业单位按照本单位工资总额的2%缴纳失业保险费;城镇企业事业单位职工按照本人工资的1%缴纳失业保险费,城镇企业事业单位招用的农民合同制工人本人不缴纳失业保险费;②失业保险基金的利息;③财政补贴;④依法纳入失业保险基金的其他资金。在统筹地区的失业保险基金不敷使用时,由失业保险调剂金调剂,地方财政给予适当补贴。失业保险调剂金的筹集、调剂使用以及地方财政补贴的具体办法,由省、自治区人民政府的规定。

3. 享受失业保险待遇的条件

失业人员享受失业保险待遇,需要满足三个条件:①按照规定参加失业保险,所在单位和本人已按照规定履行缴费义务满1年;②非因本人意愿中断就业;③已办理失业登记,并有求职要求。

此外,单位招用的农民合同制工人连续工作满1年,本单位已缴纳失业保险费,劳动合同期满未续订或者提前解除劳动合同的,由社会保险经办机构根据其工作时间长短,对其支付一次性生活补助。补助的办法和标准由各省、自治区、直辖市人民政府自行规定。

4. 失业保险待遇的停止

失业人员在领取失业保险期间重新就业、应征服役、移居境外、享受基本养老保险待遇、被判刑收监执行或者被劳动教养、无正当理由拒不接受当地人民政府指定的部门或者机构介绍的工作,以及有法律、行政法规规定的其他情形的,应停止领取失业保险金,并同时停止享受其他失业保险待遇。

5. 领取失业保险金的标准和期限

失业保险金的标准,按照低于当地最低工资标准、高于城市居民最低生活保障标准的水平,由省、自治区、直辖市人民政府确定。失业人员失业前所在单位和本人按照规定累计缴费时间满1年不足5年的,领取失业保险金的期限最长为12个月;累计缴费时间满5年不足10年的,领取失业保险金的期限最长为18个月;累计缴费时间10年以上的,领取失业保险金的期限最长为24个月。重新就业后,再次失业的,缴费时间重新计算,领取失业保险金的期限可以与前次失业应领取而尚未领取的失业保险金的期限合并计算,但是最长不得超过24个月。

失业人员在领取失业保险金期间患病就医的,可以按照规定向社会保险经办机构申请领取医疗补助金。医疗补助金的标准由省、自治区、直辖市人民政府规定;失业人员在领取失业保险金期间死亡的,参照当地对在职职工的规定,对其家属一次性发给丧葬补助金和抚恤金。

6. 失业保险金的申领

城镇企业事业单位应当及时为失业人员出具终止或解除劳动关系的证明,告知其按照规定享受失业保险待遇的权利,并将失业人员的名单自终止者解除劳动关系之日起7日内报社会保险经办机构备案。城镇企业事业单位职工失业后,可持本单位为其出具的终止或解除劳动关系的证明,及时到指定的社会保险经办机构办理失业登记。

社会保险经办机构对申领失业保险待遇的申请人进行审核:符合条件的,及时办理领取失业保险待遇的手续;不符合条件的书面告知其理由,并告知其可在规定时间内向有关部门提出复议申请。失业保险金由社会保险经办机构按月发放。社会保险经办机构为失业人员开具领取失业保险金的单证,失业人员凭单证到指定银行领取失业保险金。

社会保险经办机构还为失业人员提供免费咨询服务、职业培训、职业介绍。

六、船员的生育保险

生育保险是指通过国家立法规定,在劳动者因生育子女而导致劳动力暂时中断时,由国家和社会及时给予物质帮助的一项社会保险制度,目的在于通过向职业妇女提供生育津贴、医疗服务和产假,帮助她们恢复劳动能力,重返工作岗位。

1. 生育保险的覆盖范围

根据《社会保险法》第 53 条 ~ 第 56 条、原劳动部颁布的《企业职工生育保险试行办法》等文件之规定,生育保险适用于城镇各类企业和职工,主要是女职工及男职工的配偶。

享受生育保险待遇需符合计划生育政策,并且职工所在单位缴纳生育保险金,职工才可以享受生育保险待遇。

2. 生育保险基金的来源

生育保险基金由企业按照其工资总额的一定比例向社会保险经办机构缴纳生育保险费而建立。生育保险费的提取比例由当地人民政府根据计划内生育人数和生育津贴、生育医疗费等项目确定,并可根据费用支出情况适时调整,但是最高不得超过工资总额的 1%,职工个人不缴纳生育保险费。生育保险基金由劳动部门所属的社会保险经办机构负责收缴、支付和管理。

3. 生育保险的待遇

生育保险待遇的内容主要包括产假、生育津贴及生育医疗服务。

产假指女职工在分娩前与分娩后的一定时间内所享有的假期,产假的主要作用是使女职工在生育时期得到适当休息,使其逐步恢复体力,并使婴儿受到母亲的精心照顾和哺育。

生育津贴是国家法律、法规规定给予职业妇女因生育而离开工作岗位期间的生活费用,其支付方式和支付标准分为两种情况:①在实行生育保险社会统筹的地区,支付标准按本企业上年度职工月平均工资的标准支付,期限与产假期限相一致,一般不少于 90 天;②在没有开展生育保险社会统筹的地区,生育津贴由本企业或单位支付,标准为女职工生育之前的基本工资和物价补贴,期限与产假期限相一致,一般不少于 90 天。

生育医疗服务是由医院、开业医生或合格的助产士向职业妇女和男工之妻提供的妊娠、分娩和产后的医疗照顾及必需的住院治疗。生育保险医疗服务项目主要包括检查、接生、手术、住院、药品、计划生育手术费用等。

第十九章　未成年船员的特殊保护

未成年船员，指已满16周岁未满18周岁的船员。未成年船员的特殊保护包括以下内容：

（一）未成年船员的实习和见习工作。船东仅能安排未成年船员在船上实习或者见习，且实习和见习工作不得危及未成年船员的健康和安全。船东不得安排未成年船员从事以下范围的实习和见习工作：

（1）搬运重物作业；

（2）进入锅炉、液舱和隔离舱；

（3）置身于有害的噪声和振动中；

（4）操作起重机械或其他动力设备或器械，或向操作此类机械的人员发信号；

（5）操作系泊中拖缆或锚泊设备；

（6）索具作业；

（7）恶劣天气中在高处或甲板上工作；

（8）电器设备维护；

（9）接触有潜在危害的物质，或诸如危险或有毒物质等有害的物理试剂及受到电离辐射；

（10）清洗厨房机械；

（11）操控小艇；

（12）船上厨师工作。

（二）未成年船员的夜间工作。船东不得安排未成年船员在夜间工作，但是根据中华人民共和国海事管理机构规定的符合STCW公约的船上见习或者实习要求开展的夜航训练除外。

（三）未成年船员的工作时间。船东应当确保未成年船员在船见习或者实习的时间不能超过每日8小时、每周40小时，且在日间正餐有至少1小时的休息时间以及每连续工作2小时后有15分钟的休息时间。由于未成年船员被安排见习和实习的岗位培训的需要不能满足有关工作时间规定的，船长应当说明原因，做好记录并签名。

(四)未成年船员的遣返。成年船员首次在国际航行船舶上实习或者见习4个月后,表现出不适应海上生活的,船东应当尽快安排其在合适的港口遣返。

第十九章

第二十章　船员权益保护途径

一、船员权益保护概述

船员劳动权益保护的前提是提高自身权利意识和维权能力，比如，及时与用人单位签署劳动合同、主动缴纳其应缴社会保险费等。只有积极主动地预防劳动权益受损，才能有效地保护权益。另一方面，在船员的劳动和社会保障权利已经遭受侵害时，个人或有关机关在法律所允许的范围内，可以采取一定的补救措施消除侵害，使船员或其亲属获得一定的补偿或赔偿。

在船员劳动领域，权益保护包括以下途径：

(1)船上投诉。考虑到船舶在海上航行期间，船员远离陆地，鼓励尽可能在基层解决船员的劳动争议；只有在基层面难以解决时，才求助于船旗国船员劳动主管部门或者港口国船员劳动主管部门这些外部途径。

(2)劳动监督。劳动监督，又称劳动法监督，是由劳动行政部门、工会组织及其他组织和个人法定监督主体，为保护劳动者的合法权益，依法对用人单位和劳动服务主体遵守劳动法的情况实行检查、督促、纠偏、处罚等一系列监督活动。执行监督检查任务的主体主要是劳动行政部门及工会组织，监督检查的对象主要是用人单位和劳动服务主体，监督检查的内容则主要是用人单位和劳动服务主体对劳动法的遵守情况。

我国的劳动监督体系由行政监督和社会监督相结合而构成。行政监督又由劳动行政部门的劳动监察和其他相关行政监督所组成，社会监督主要指工会监督。船员劳动监督主要包括劳动行政部门的劳动监察、海事管理机构的行政监督、海员建设工会的工会监督。

(3)调解、仲裁、诉讼。劳动争议发生后，当事人可以向本单位劳动争议调解委员会申请调解，调解不成的可以向劳动争议仲裁委员会申请仲裁；也可直接申请仲裁；对仲裁裁决不服的可以向法院提起诉讼。

因船员劳动领域的专业性,我国船员权益保护可以不适用“劳动仲裁前置”原则,最高法院《关于适用 < 中华人民共和国海事诉讼特别程序法 > 若干问题的解释》第 8 条明确,因船员劳务合同纠纷直接向海事法院提起的诉讼,海事法院应当受理。此外,我国《海商法》还设置了船舶优先权制度用于保护船员的劳动权益。

二、船员的船上投诉

船东应当建立并运行船上投诉处理程序,并向每个船员提供该程序的副本,确保船员的投诉在船上得到公平、有效和迅速处理。船上投诉和解决的记录应当留存,且提供一份复印件给船员。船上投诉程序应当至少包括以下内容:(1)受理投诉的船上部门或者负责人以及船东指定人员或者其代理人的联系方式;(2)相关主管部门的联系方式;(3)逐级处理的投诉解决机制;(4)投诉解决的时限;(5)投诉和解决的记录。

船上投诉程序不得妨碍船员向船长、船东及相关主管部门提出直接投诉的权利。对于提出投诉的船员,船东不得以任何形式予以打击报复。

三、人力资源和社会保障部门的劳动监察

劳动监察,国外又称为劳工检查,是法定专门机关代表国家对用人单位遵守法律、法规、规章情况依法进行的检查、纠举、处罚等一系列监督活动。根据国务院《劳动保障监察条例》规定,在我国,国务院劳动行政部门主管全国的劳动监察工作,劳动保障部门对下列事项实施劳动保障监察:

(1)用人单位制定内部劳动规章制度及其执行的情况;

(2)用人单位与劳动者订立和解除劳动合同的情况;

(3)劳务派遣单位和用工单位遵守劳务派遣有关规定的情况;

(4)用人单位遵守禁止使用童工规定的情况;

(5)用人单位遵守女职工和未成年工特殊劳动保护规定的情况;

(6)用人单位遵守国家关于劳动者工作时间和休息休假规定的情况;

(7)用人单位支付劳动合同约定的劳动报酬和执行最低工资标准的情况;

(8)用人单位参加各项社会保险和缴纳社会保险费的情况；

(9)职业介绍机构、职业技能培训机构和职业技能考核鉴定机构遵守国家有关职业介绍、职业技能培训和职业技能考核鉴定规定的情况；

(10)法律、法规规定的其他劳动监察事项。

人力资源和社会保障部文件《关于继续使用全国性公益服务号码12370与12333的通知》(人社信息函[2009]35号)规定,12333主要用于人力资源和社会保障政策业务咨询、政务公开、投诉举报、社保账户查询等服务。因此,包括船员在内的任何劳动者都可以通过公益服务电话号码12333,对用人单位、用工单位、职业介绍机构、职业技能培训机构和职业技能考核鉴定机构的违法违规行为予以投诉举报。

不过,《劳动保障监察条例》也规定,以下几种情况不属于劳动监察部门受理:

(1)劳动者与用人单位针对经济补偿金、赔偿金发生争议的事项。用人单位违反劳动保障法律、法规不支付补偿金,或者对劳动者造成损害依法应当给予赔偿的,劳动者与用人单位发生争议,应通过劳动仲裁或诉讼解决。

(2)已经按照劳动争议处理或已经提起诉讼的事项。对应当通过劳动争议处理程序解决的事项,或者已经按照劳动争议处理程序申请调解、仲裁、提起诉讼的事项,劳动保障监察部门不予受理。

(3)有关劳动安全卫生监督检查的事项。劳动安全卫生的监督检查,由安全生产监督部门、特种设备安全监督管理部门、卫生部门等有关部门依照法律、行政法规的规定执行。

(4)用人单位违法行为已经超过2年。用人单位违反劳动保障法律、法规或者规章的行为在2年内未被劳动保障部门发现,也未被举报、投诉的,劳动保障部门不再查处。违法行为有连续或者继续状态的,自行为终止之日起计算。

四、海事部门对船员船上工作和生活条件的监督检查

海事部门负责船员船上工作和生活条件的监督检查,督促船东以及相关机构建立健全船员在船舶上的人身安全、卫生、健康和劳动安全管理制度,落实相应的管理措施。海事管理机构在监督检查中发现或接到投诉举报的,应当及时处理;发现船东具有违法违规行为的,应

当督促船东和船舶及时整改。交通运输部各直属海事局联系方式如表 4-20-1 所示。

直属海事局联系方式 表 4-20-1

直属海事局	地址	联系电话	邮箱
上海海事局船员管理处	上海四平路 190 号 邮编 200086	021-66072772	cygl@ shmsa. gov. cn
天津海事局船员管理处	天津市河西区解放南路 369 号 邮编 300211	022-58876827	cygl@ tjhmsa. gov. cn
辽宁海事局船员管理处	辽宁省大连市长江路 25 号 邮编 116001	0411-82624490	cygl@ lnmsa. gov. cn
河北海事局船员管理处	河北秦皇岛市开发区秦皇西大街 76 号 邮编 066004	0335-5366827	cygl@ hbmsa. gov. cn
山东海事局船员管理处	山东省青岛市巫峡路 21 号 邮编 266002	0532-89078219 0532-89093101	cygl@ sdmsa. gov. cn
江苏海事局船员管理处	南京中央路 238 号江苏海事大厦 邮编 210009	025-83520114	cygl@ jsmsa. gov. cn
浙江海事局船员管理处	杭州市拱墅区叶青兜路 1 号 邮编 310005	0571-88372705	cygl@ zjmsa. gov. cn
福建海事局船员管理处	福州市西二环南路 116 号 邮编 350001	0591-88331207	cygl@ fjmsa. gov. cn
广东海事局船员管理处	广州市怡乐路 47 号 邮编 510260	020-89098621	cygl@ gdmsa. gov. cn
广西海事局船员管理处	广西南宁市金浦路 18 号 邮编 530021	0771-5551737	cygl@ gxmsa. gov. cn

续上表

直属海事局	地　　址	联系电话	邮　　箱
海南海事局船员管理处	海口市滨海大道137号 邮编570311	0898-68626060	cygl@ hnmsa. gov. cn
深圳海事局船员管理处	深圳市福田区滨河大道2031号海安中心大厦 邮编518032	0755-83797032	cygl@ sz. msa. gov. cn
长江海事局船员管理处	武汉解放大道1525号 邮编430016	027-82765342	cygl@ cjmsa. gov. cn
黑龙江海事局船员管理处	黑龙江省哈尔滨市道里区一面街110号 邮编150010	0451-88912452	cygl@ hljmsa. gov. cn

五、海员建设工会的监督

工会劳动监督指各级工会组织依法对用人单位遵守劳动法律、法规和对政府劳动行政部门的具体行政行为所进行的监督。

工会劳动监督的对象,主要有两个,一是与职工建立了劳动关系的用人单位,包括企业、个体经济组织和实行企业化管理的事业单位;二是各级劳动行政主管部门及劳动执法、监察部门。其中,重点是对用人单位的监督。

工会对用人单位的劳动监督,其主要内容有十个方面:(1)用人单位执行国家有关就业规定的情况,主要是保护劳动者平等就业的权利;(2)用人单位执行国家有关订立、履行、变更、解除劳动合同规定的情况;(3)用人单位履行集体合同的情况;(4)用人单位执行国家有关工作时间的休息、休假规定的情况;(5)用人单位执行国家有关工资报酬规定的情况;(6)用人单位有关各项劳动安全卫生及伤亡事故和职业病处理规定的情况;(7)用人单位执行国家有关女职工和未成年工特殊保护规定的情况;(8)用人单位执行国家有关职业培训和职业技能考核的情况;(9)用人单位有关职工社会保险及福利待遇规定执行的情况;(10)用人单位其他遵守和执行劳动法律、法规的情况。

工会在进行劳动法律监督方面具有以下权力:(1)对用人单位执

行劳动法律法规的情况进行监督;(2)参与调查处理;(3)提出意见要求改正;(4)要求政府劳动监察部门处理;(5)支持职工依法举报、控告;(6)舆论监督。

中国海员建设工会是在中华全国总工会领导下的全国性产业工会组织。海员权益受到侵害的,可以请求海员建设工会帮助维权。

六、船员劳动争议的调解和仲裁

调解是由第三者居间调和,通过疏导、说服,促使当事人互谅互让,从而解决纠纷的方法。劳动争议调解可分为仲裁与诉讼外调解、仲裁与诉讼中调解。通常所指的劳动争议调解即仲裁与诉讼外调解,属于民间调解,不凭借任何权力,而是依靠调解人的威望和说服教育解决争议。它不一定产生调解结果,即使形成调解结果的,也不具有强制执行效力。

在企业的劳动争议调解中,仲裁与诉讼外调解主要通过在企业内部依法设立负责调解劳动争议的组织调解委员会,由职工代表和企业代表组成,调解委员会的办事机构设在基层工会。调解委员会的职责包括:调解本单位劳动争议,检查督促争议双方当事人履行调解协议,对职工进行劳动法宣传教育,做好劳动争议的预防工作。

船员可以针对所发生的劳动争议,请求本单位的调解委员会予以调解。

仲裁与诉讼中调解,是审理和仲裁程序已经开始,当判决或裁决做出之前,在司法、仲裁机关及其工作人员的主持下所进行的调解,调解所达成的结果具有强制效力。其中,劳动争议仲裁委员会是依法设立的,经国家授权依法独立仲裁处理劳动争议案件的专门机构。劳动争议仲裁委员会不按行政区划层层设立,县、市、市辖区设立有仲裁委员会,省、自治区、直辖市需要设立仲裁委员会的,由省、自治区、直辖市人民政府确定。各级仲裁委员会相互间不存在行政隶属关系,各自独立仲裁本行政区域内发生的劳动争议案件,各自向同级政府负责并报告工作,省级劳动行政部门对本行政区域的劳动争议仲裁工作进行指导。劳动争议仲裁委员会由劳动行政部门代表、工会代表和企业方面代表组成,主任由劳动行政部门负责人担任。仲裁委员会的组成人员应当是单数,且三方代表人数相等,按照少数服从多数的原则做出决定。

劳动争议仲裁委员会依法履行下列职责:决定是否受理申诉;决定仲裁庭组成形式;指定代理人;决定是否回避;聘任或解聘仲裁员;调查取证;维持仲裁秩序。劳动行政部门的劳动争议处理机构同时为仲裁委员会的办事机构,负责办理仲裁委员会的日常事务,仲裁委员会可授权其办事机构负责立案审批工作。劳动争议仲裁委员会仲裁庭做出裁决后,会制作裁决书,送达双方当事人。对仲裁裁决无异议的,当事人必须履行。当事人对仲裁裁决不服的,自收到裁决书之日起十五日内,可以向法院起诉;期满不起诉的,裁决书即发生法律效力。一方当事人在法定期限内不起诉又不履行仲裁裁决的,另一方当事人可以申请法院强制执行,受理申请的法院应当依法执行。

船员可以针对所发生的劳动争议,请求本单位所在的劳动争议仲裁委员会予以仲裁。

七、船员劳动争议的诉讼

船员劳动争议诉讼,指海事法院在船员劳动争议当事人和其他诉讼参与人的参加下,依法审理和解决劳动争议案件的活动。法院处理劳动争议案件与处理一般民事纠纷一样,其主要程序有一审程序、二审程序、审判监督程序等。

一审程序包含以下四个阶段:起诉和受理、审理前的准备与调查、开庭审理、评议宣判。《海事诉讼特别程序法》第 6 条第 5 款规定,因海船的船员劳务合同纠纷提起的诉讼,由原告住所地、合同签订地、船员登船港或者离船港所在地、被告住所地海事法院管辖。

当事人不服一审判决的,可依法提起二审程序。但必须在一审判决书送达之日起 15 日内向上一级法院提起上诉。二审法院做出的判决为终审判决,船员劳动争议诉讼的二审法院为海事法院所在地的高级人民法院。

当法院对已经发生法律效力的判决和裁定发现确有错误而需要再审时启动审判监督程序。当事人也可以申请再审,但必须在判决发生法律效力后两年内提出。

八、船员的船舶优先权

1. 船员的船舶优先权的范围

船长、船员和在船上工作的其他在编人员根据劳动法律、行政法规或者劳动合同所产生的工资、其他劳动报酬、船员遣散费用和社会保险费用等报酬没有得到偿付或发生人身伤亡事故未得到赔偿时，船员或其近亲属可以向船舶所有人、光船承租人、船舶经营人提出给付请求，向海事法院申请扣押其所任职的船舶，通过行使船舶优先权，保护其合法劳动权益。

2. 船舶优先权的消灭

船舶优先权消灭的情形包括：(1)船舶转让时，自法院应受让人申请予以催告公告之日起满60日不主张优先权；(2)具有船舶优先权的海事请求，自优先权产生之日起1年内没有申请法院扣押产生优先权船舶(此处，"1年期限"不得中止或者中断)；(3)法院裁定拍卖船舶的公告发布后，船员在公告期间不申请债权登记；(4)船舶灭失；(5)船舶被法院拍卖。

船舶优先权的消灭，不等于其保护的债权也随之消灭，已经丧失了优先权的债权，在时效规定期间内，仍可以同无优先权的其他债权一起行使其权利。

3. 船舶优先权行使时的担保

海事法院受理海事请求保全申请，可以责令海事请求人提供担保。不提供的，驳回其申请。

4. 船舶优先权的先予执行

人民法院对于追索劳动报酬的案件，可以根据当事人的申请，裁定先予执行。先予执行的条件包括：当事人之间权利义务关系明确；不先予执行将严重影响申请人的生活或生产经营；被申请人有履行能力。海事法院在拍卖船舶之后、判决之前，可以应船员的申请，从拍卖船舶所得价款中，先行支付部分或者全部船员劳动报酬。

第二十一章　船员的义务及法律责任

船员既是劳动(雇用)行政法律关系中的行政相对人,又是我国劳动法或《2006年海事劳工公约》中的劳动(雇用)法律关系中的民事主体。作为行政相对人,船员有取得和维持其资质以及谨慎值班之行政义务;作为民事主体,船员享有我国劳动法或《2006年海事劳工公约》中所规定的劳动权利,同时也应当承担劳动法中的民事(劳动)义务。船员未尽到其行政和民事(劳动)义务的,要依法承担相应的法律责任。

船长在船舶上的地位比较特殊,一方面,船长是船舶上工作的船员之一分子,普适于所有在船工作的船员之法律上的义务和责任自然适用于船长;另一方面,船长也是船舶领导人,法律既赋予其指挥和管理船舶方面的特定职责,又给予其履行其特定职责所必需的权力,当然,还规定了其特定的法律责任。有关船长与其他船员不同的法定职责、权利、法律责任,可以参见本手册第七章。

第一节　船员的行政义务及法律责任

一、船员服务簿相关的义务及法律责任

从事船员职业应当取得船员服务簿,服务簿中记载的事项发生变化,或者相貌发生显著变化,船员应当在6个月内向海事管理机构申请办理船员注册变更手续。船员服务簿记载的事项发生变更,船员未办理变更手续的,由海事管理机构责令改正,并可以处1 000元以下罚款。被依法吊销船员服务簿的,自被吊销之日起5年内不予重新注册。

任何单位或者个人不得冒用、出租、出借、伪造、变造或者买卖船员服务簿。任何单位或者个人以欺骗、贿赂等不正当手段进行注册并取得船员服务簿的,由海事管理机构吊销船员服务簿,并处2 000元以上2万元以下罚款。任何单位或者个人伪造、变造或者买卖船员服务

簿的，由海事管理机构收缴船员服务簿，并对违法个人处 2 万元以上 5 万元以下罚款，对违法单位处 5 万元以上 10 万元以下罚款，有违法所得的，还应当没收违法所得。

船员在船工作期间应当携带船员服务簿。船员在船工作期间未携带船员服务簿的，由海事管理机构责令改正，并可以处 2 000 元以下罚款。

二、健康证书相关的义务及法律责任

海船船员不得以欺骗、贿赂等不正当手段取得健康证书；不得隐瞒相关职业禁忌病史；当船员健康状况等发生变化，不再符合健康证书签发条件的，健康证书签发机构应当注销其健康证书，并上报备案的直属海事管理机构。

三、适任证书相关的义务及法律责任

海船船员申领适任证书时应当如实提交所要求的材料。

(1)隐瞒有关情况或者提供虚假材料申请适任证书的，海事管理机构不予受理或者不予签发适任证书，并给予警告；申请人在 1 年内不得再次申请与前次申请等级、职务资格、航区相同的适任证书；

(2)以欺骗、贿赂等不正当手段取得适任证书的，由签发证书的海事管理机构或者其上级海事管理机构吊销有关证书，并处 2 000 元以上 2 万元以下的罚款；

(3)伪造、变造或者买卖适任证书的，由海事管理机构收缴有关证书，处 2 万元以上 10 万元以下罚款，有违法所得的，还应当没收违法所得；

(4)船员未在培训、见习记录簿内做出如实填写或者记载的，由海事管理机构处 1 000 元以上 1 万元以下罚款；情节严重的，并给予暂扣船员服务簿、船员适任证书 6 个月以上 2 年以下直至吊销船员服务簿、船员适任证书的处罚；

(5)船长未在船员服务簿内如实记载船员的服务资历和任职表现，由海事管理机构处 2 000 元以上 2 万元以下罚款；情节严重的，并给予暂扣适任证书 6 个月以上 2 年以下直至吊销适任证书的处罚；

(6)因违反本规则或者其他水上交通安全法规的规定，被海事管理机构吊销适任证书的，自被吊销之日起 2 年内，不得申请适任证书。

四、海员证相关的义务及法律责任

(1)海员申请海员证时应提供真实信息和资料,海员证仅限持证人本人使用,由海员本人持有并负责保管。

(2)海员持有海员证出境后,不得有危害祖国安全、有损祖国荣誉和利益的行为,不得从事海员身份以外的活动。

(3)海员持有海员证出境,需履行规定手续,接受出入境边防检查机关检查,经查验准许方可出境。

(4)任何组织或者个人不得伪造、变造、买卖、转让、故意损毁或者非法扣押海员证。

五、履职和值班相关的义务及法律责任

1.船员履职和值班应达到的要求

船员在船工作期间,应当符合下列要求:

(1)携带规定的有效证件。船员应当携带合法有效的船员服务簿、适任证书、培训(合格)证明、海员证等;

(2)掌握船舶的适航状况和航线的通航保障情况,以及有关航区气象、海况等必要的信息;

(3)遵守船舶的管理制度和值班规定,按照水上交通安全和防治船舶污染的操作规则操纵、控制和管理船舶,如实填写有关船舶法定文书,不得隐匿、篡改或者销毁有关船舶法定证书、文书;

(4)参加船舶应急训练、演习,按照船舶应急部署的要求,落实各项应急预防措施;

(5)遵守船舶报告制度,发现或者发生险情、事故、保安事件或者影响航行安全的情况,应当及时报告;

(6)在不严重危及自身安全的情况下,尽力救助遇险人员;

(7)不得利用船舶私载旅客、货物,不得携带违禁物品;

(8)船长在其职权范围内发布的命令,船舶上所有人员必须执行。高级船员应当组织下属船员执行船长命令,督促下属船员履行职责。船长、高级船员在航次中,不得擅自辞职、离职或者中止职务。

2.船员有关履职值班方面的法律责任

船员有下列情形之一的,由海事管理机构处1 000元以上1万元

以下罚款；情节严重的，并给予暂扣船员服务簿、船员适任证书6个月以上2年以下直至吊销船员服务簿、船员适任证书的处罚：

(1)未按照要求保持正规瞭望；

(2)未按照要求履行值班职责；未遵守值班规定擅自离开工作岗位的；

(3)未按照要求值班交接；

(4)不采用安全航速航行；

(5)不按照规定守听航行通信；

(6)不按照规定测试、检修船舶设备；

(7)未按照水上交通安全和防治船舶污染操作规则操纵、控制和管理船舶的；

(8)发现或者发生险情、事故、保安事件或者影响航行安全的情况未及时报告；

(9)未按照要求填写或者记载有关船舶法定文书；隐匿、篡改或者销毁有关船舶法定证书、文书的；

(10)在船上值班期间，体内酒精含量超过规定标准；

(11)在船上履行船员职务，服食影响安全值班的违禁药物；

(12)不依法履行救助义务或者肇事逃逸的；

(13)利用船舶私载旅客、货物或者携带违禁物品的；

(14)不遵守《中华人民共和国海船船员值班规则》规定的其他情形。

第二节　船员的民事义务及法律责任

一、依法解除劳动合同的义务

劳动者解除劳动合同，指劳动者在符合法定情形的条件下，依单方意思表示而解除与用人单位之间劳动合同关系的一种法律行为。

根据《劳动合同法》第37条规定，劳动者经与用人单位协商一致，或者提前三十日以书面形式通知用人单位，可以解除劳动合同；如尚在试用期内，劳动者提前3日通知用人单位，也可以解除劳动合同。《中国船员集体协议(A类)》第50条规定，船员以书面申请的形式提前30天通知船东或者通过船长通知船东，可以提前解除其劳动合同。

需要注意的是,《船员条例》对于船长和高级船员单方解除劳动合同予以一定限制。《船员条例》第 24 条规定,船长、高级船员在航次中,不得擅自辞职、离职或者中止职务。某个“航次”,指完整地执行一次航行任务——例如将旅客、货物从一个港口运送至另一个港口——计为一个航次,从始发港到目的港的途中停靠、挂靠第三港的,亦包括在该航次以内。如果船长、高级船员经申报获准,或受公司、有关监管部门和其他有权者的指令,并且与接任者办理完毕交接手续,再行辞职、离职或者中止职务,不属于“擅自”的情形。

二、解除或终止劳动合同后的义务

当事人的后合同义务,指劳动合同关系消灭后,基于诚实信用原则的要求,缔约双方当事人依法应负有某种作为或不作为义务,以维护给付效果,或协助对方处理合同终了的善后事务的合同附随义务。《劳动合同法》第 50 条对劳动者的后合同义务规定如下:

(1)办理工作交接,妥善处理自己在劳动合同解除或终止前经手的事务;

(2)返还、归还因工作需要而使用、占用用人单位财产、资料;

(3)保守用人单位的商业秘密和与知识产权有关的秘密事项。

船员劳动合同解除和终止情况下当事人的后合同义务与普通劳动合同基本相同。

三、违反劳动合同义务的法律责任

船员违法解除劳动合同,或者违反劳动合同中约定的保密义务或者竞业限制,对用人单位造成经济损失的,应当依法承担赔偿责任。

船员用人单位为船员提供专项培训费用,对其进行专业技术培训的,可以与船员订立协议,约定服务期。船员违反服务期约定的,应当按照约定向用人单位支付违约金,但违约金的数额不得超过用人单位提供的培训费用,用人单位要求船员支付的违约金也不得超过服务期尚未履行部分所应分摊的培训费用。这里所指的“培训费用”,包括用人单位为了对船员进行专业技术培训而支付的有凭证的培训费用、培训期间的差旅费用以及因培训产生的用于该船员的其他直接费用。但是,如果船员依照《劳动合同法》第 38 条的规定解除劳动合同,不属于以上违反服务期的约定,用人单位不得要求劳动者支付违约金。

有下列情形之一,用人单位与船员解除约定服务期的劳动合同时,船员应当按照劳动合同的约定向用人单位支付违约金:①劳动者严重违反用人单位的规章制度的;②劳动者严重失职,营私舞弊,给用人单位造成重大损害的;③劳动者同时与其他用人单位建立劳动关系,对完成本单位的工作任务造成严重影响,或者经用人单位提出,拒不改正的;④劳动者以欺诈、胁迫的手段或者乘人之危,使用人单位在违背真实意思的情况下订立或者变更劳动合同的;⑤劳动者被依法追究刑事责任的。

四、缴纳社会保险费的义务

职工参加基本养老保险,由用人单位和职工共同缴纳基本养老保险费。个人有缴纳一定比例(达到本人缴费工资的8%)的基本养老保险费的义务,个人缴费一般不需个人到社会保险经办机构去缴纳,而是由单位从工资中代扣代缴。

个人有缴纳一定比例(本人工资的2%)的基本医疗保险费的义务,个人缴费一般不需个人到社会保险经办机构去缴纳,而是由单位从工资中代扣代缴。

附录1：

中国船员集体协议(A类)

中国海员建设工会代表中国船员、中国船东协会代表中国船东，双方经平等协商就如下事宜达成本协议。

第一章 总 则

第一条 为促进航运事业发展,建立协调稳定的劳动关系,保障中国船员的合法权益,促进中国船员体面劳动,根据国家相关法律法规,依照国际劳工组织(ILO)、国际海事组织(IMO)的有关公约,签订本协议。

第二条 本协议适用于中国籍船员、中国船东协会的会员单位及其所拥有和(或)管理的中国籍船舶。

中国船东协会的会员单位拥有和(或)管理的方便旗①船舶,雇佣中国船员的,可以选择使用本协议。如选择使用本协议的,需遵守船旗国或地区法律、法规。

第三条 船东应当尊重船员依法参加、组织工会和开展工会活动的权利。在企业中,应依照《中华人民共和国工会法》(以下简称工会法)和《中国工会章程》建立船员工会组织。工会应按《工会法》规定开展工会活动,履行工会义务。

第四条 船东应当按照《中华人民共和国劳动法》(以下简称《劳动法》)、《中华人民共和国劳动合同法》(以下简称《劳动合同法》)、《中华人民共和国船员条例》(以下简称《船员条例》)等相关法律法规、《中华人民共和国海员船上工作和生活条件管理办法》(以下简称《管理办法》)和国际劳工组织《2006年海事劳工公约》的规定与船员签订劳动合同和上船协议。船员的劳动标准不得低于本协议的规定。

船东雇佣劳务派遣船员的,应确保该船员与有资质的服务机构或相关单位签订符合本协议规定的劳动合同。

第五条 本协议所称船东是指船舶所有人或者其他已从船舶所有

---

① 方便旗国家或地区参考以下名录:1. 安提瓜和巴布达;2. 巴哈马;3. 百慕大;4. 开曼群岛;5. 塞浦路斯;6. 直布罗陀;7. 洪都拉斯;8. 黎巴嫩;9. 利比里亚;10. 马耳他;11. 马绍尔群岛;12. 荷属安第列斯;13. 巴拿马;14. 圣・文森特;15 斯里兰卡;16 瓦努阿图,等。

人处依法取得船舶营运权利，并承担相关责任和义务的组织或者个人。

本协议所称船舶是指国际航行海船，不包括军事船舶、公务船舶、渔业船舶、体育运动船艇。

本协议所称船员是指受雇于从事商业活动的船舶上工作、实习和见习的任何人员。

本协议所称基薪，是指正常工作时间的报酬，它不包括加班报酬、奖金、津贴、带薪休假或任何其他额外报酬。

第二章 劳动合同及管理

第六条 船东招聘船员，应当遵循合法、公平、平等自愿、协商一致、诚实守信的原则与船员签订劳动合同，确立劳动关系。

第七条 劳动合同的文本应当在充分听取工会和船员意见的基础上制定，并提前交给船员，确保船员有充足的时间进行咨询和研究。

船东和船员约定的试用期应符合相关法律、法规规定。

第八条 船东依据《劳动合同法》39 条规定解除船员劳动合同时，应当事先通知船员所在单位的工会，工会有权代表船员就涉及船员利益方面的事宜向船东提出意见（或进行交涉），依法维护船员的合法权益。

第九条 船东应当依照有关法律法规实施劳动管理，建立劳动用工制度。

第十条 船员因工负伤或者患职业病经鉴定丧失或者部分丧失劳动能力的，船东不应违反国家有关规定单方面与其解除劳动合同。

第十一条 船员在船连续工作期限一般不超过 8 个月。因船舶停靠港口或者航行的航线不方便更换船员的，工作期限可适当提前或延后 2 个月。船员在船工作满 10 个月后未能下船的视为逾期。船员在船超期服务的，船东从第 11 个月起应向船员支付额外的超期补贴。超期补贴额度不应低于船员基薪的 10%。

船员在船连续服务最长不超过 12 个月。

第三章 劳动报酬、社会保险及福利

第十二条 船东应当建立和完善工资集体协商制度和工资支付保障制度，促进劳动关系的和谐稳定。

第十三条 船员的劳动报酬应当以货币形式支付。船员的基薪不得低于本协议附件 1 所规定的标准。

第十四条　船东应当按合同约定的时间和方式向船员支付劳动报酬,包括在船领取和家汇工资部分。合同约定时间的间隔不应超过一个月。

船上支付的劳动报酬采用的货币兑换率,应当按照有利于船员的标准确定。

船东应定期向船员提供月劳动报酬清单,该清单应包括劳动报酬结构和代缴费用的内容。双方可自行约定清单签收方式。船员需要查询工资实际支付情况的,船东有责任协助船员获得相关信息并不得收取额外服务费。

第十五条　船东或船员用人单位应按法律法规的规定保证船员带薪年休假和公休假期的权益。

待派船员指船员按照劳动和社会保障法律法规关于劳动者休息时间有关规定以及集体合同、劳动合同关于休息时间有关约定全面行使休息权后,非因船员原因暂时无法上船工作的船员。待派船员的工资不低于用人单位所在地的最低工资标准。

第十六条　船东或船员用人单位应当按照国家法律法规的规定为其招募的船员办理养老保险、医疗保险、工伤保险、失业保险、生育保险等社会保险,以及双方约定的其他商业保险,并按时足额缴纳其应当缴纳的各项费用。

船员个人应当缴纳的社会保险费,由船东或船员用人单位按照法律法规的规定从其本人工资中代扣代缴。

第十七条　工会有权对船东缴纳社会保险费的情况实施监督。

第四章　工作时间和休息休假

第十八条　船员在船期间,以每日工作 8 小时为依据施行综合计算工时制。

第十九条　船员综合计算工作时间超过法定标准工作时间的部分,应视为延长工作时间,并依法支付船员延长工作时间的工资。

第二十条　船员除享有国家法定节假日外,还享有在船上每工作 1 个月不少于 2.5 天的带薪年休假。

第二十一条　国家法定节假日(元旦 1 天、春节 3 天、清明节 1 天、劳动节 1 天、端午节 1 天、中秋节 1 天、国庆节 3 天),应当按照《劳动法》的规定支付在船船员不低于其基薪 300% 的报酬。

第二十二条　船员在船连续工作8个月以上的，船东应当保证船员连续休息休假时间不少于40天。船员超期服务的，连续休息休假时间相应延长。

第二十三条　安排船员超时加班的时间和休息时间的限制：

（一）在任何24小时时段内船员最短休息时间不应少于10小时；且在任何七天时间内不应少于77小时。

（二）休息时间最多可分为两段，其中一段至少要有6小时，且相连的两段休息时间的间隔不应超过14小时。

第二十四条　船东应当根据《管理办法》的要求记录船员每天在船作息时间，并由船长或其指定人员和船员本人签字认可。船员应每月持有1份该作息时间记录表的复印件。

第二十五条　有下列情形之一的，延长工作时间不受本第二十三条限制：消防，救生训练，安全演习（以对船员的休息时间影响最小和不会造成疲劳的时间和方式进行），以及出于船舶、船上人员或货物的紧急安全需要，或者出于帮助海上遇险的其他船舶、人员的需要。一旦恢复正常，船长应尽快确保所有在计划安排的休息时间内从事工作的海员获得充足的休息时间。

第五章　船舶配员及值班

第二十六条　船舶应当保证处于适航状态（符合IMO、ILO公约标准）和配备有足够的、具有适任资格的船员，以保证船舶安全操作，维持必要的值班制度。在任何情况下，配员不应低于有关国际公约和国家法规规定的最低配员标准。确保在各种情况下船舶及其人员的安全和保安。

第二十七条　当船上发生缺员时，顶替其工作的船员应该得到补偿。原则上，缺员应当尽快在下一个方便港口补足。

第六章　职业安全和医疗

第二十八条　船舶应建立职业安全和健康保护管理制度，并且应当配备常用药品、必要的医疗设备和设施以及经过专门培训并取得相应资格证的船员。

第二十九条　船东应当确保为其服务的船员得到职业健康保护，并且在一个安全和卫生的环境下生活、工作和培训，船员应当接受过职业安全和健康保护及防止事故的培训。

第三十条　船舶应当成立安全委员会,负责督查安全问题,选举安全代表参与船舶安全委员会,有效实施并促进职业安全和健康保护及防止事故的培训。

第三十一条　船东应当为船员提供充足的品质良好的劳动保护用品和必要的季节防护用品。

第三十二条　船东应当向船员提供健康保护,应按国家行业主管部门的体检标准为船员提供健康体检,建立船员健康档案。

第三十三条　船员在船期间发生伤病,船东应当依法及时安排必要的治疗(包括住院治疗),直至痊愈或者医院治疗期结束,并支付船员医疗费和食宿费。

第三十四条　船舶驶经战区船东应当为船员办理人身保险;船舶驶经疫区或者运输有毒、有害物质船东应当为船员办理健康保险,并提供相应的防护措施。

第三十五条　船东雇佣女船员的,应按照《中华人民共和国妇女权益保护法》和《女职工劳动保护特别规定》的要求,做好女船员的劳动安全卫生设施配备和劳动安全卫生知识培训工作。船东应按法律、法规规定做好女船员经、孕、产、哺"四期"保护工作,并按国家生育保险规定报销相关检查费用。

第七章　食品、居室、寝具和娱乐

第三十六条　船舶应当为在船船员提供:

(一)符合《2006 年海事劳工公约》及其他 ILO 有关公约要求的饮用水和食物,尊重船员的宗教信仰、社会习惯,并按公约要求提供餐厅、餐具及其他与船员饮食有关的必备设施或人员;

(二)标准的卧室及用具;

(三)洗衣设备;

(四)符合国际公约要求的舱室面积和娱乐设施;

(五)取暖和通风设备;

(六)卫生设施;

(七)照明设备;

(八)医务室;

(九)必要的降噪和防振动措施,其他船员日常生活和工作必需的设施。

第三十七条　船东在可行时,应为船员在船通讯提供方便条件。

第三十八条　船员的伙食费标准不低于附件 2 中规定的标准。

第三十九条　当食品和住所不是在本船提供时,船东应当负责提供品质良好的食品和住所。

第八章　服务于战区、疫区、海盗活动区域等危险区域

第四十条　如果船员所服务的船舶需驶往战区、可能严重威胁生命的传染疾病疫区或者海盗活动区域,船东应当及时向船员提供该地区的全面情报信息、本轮的航线和抵达港口,以及必要的防护措施和知识。

第四十一条　船舶需要驶往战区、疫区需要征得船员的同意,如果船员拒绝前往,船东应当安排该船员遣返并支付遣返费用。

第四十二条　船舶进入战区、疫区,船东应当每天向船员支付不少于一倍基薪的特殊津贴。不足五天的,至少按五天计算。

第四十三条　船舶驶经海盗活动区域,船东应参照国际规定,给予船员补偿。船员因海盗袭击受伤或死亡,应比照相关战区赔偿标准进行赔偿。

第九章　伤 亡 保 赔

第四十四条　船员在船期间发生或者源于这期间工作而发生疾病或者受伤的,船东应当及时为船员安排治疗。治疗期为:直至痊愈;确诊为永久性疾病或者永久性残疾;约定的治疗期届满(双方约定的治疗期不应少于 16 周)。

生病或受伤船员在船期间,船东应向其支付全部医疗费和全额在船工资。

船员离船治疗的,受伤船员在治疗期内船东应当负责支付船员的全部医疗费和全额在船工资;在船生病的船员在治疗期内,船东应按照法律法规的规定支付全部医疗费和不低于公休工资或待派工资的工资,两者以较高者为标准。

第四十五条　船员在被雇佣期间,包括上船或者遣返途中,因意外事故死亡或者遭受永久残疾的,船东应当按照有关法律法规的相关规定和船员劳动合同的约定予以及时赔偿。

第四十六条　船东依法参加社会保险后,可以为在船船员的疾病、伤残、死亡向声誉良好的船东互保协会或者保险公司投保。

出险后船东应当负责追索保险赔偿金，并及时、全额转交船员或者死亡船员的继承人。

第四十七条　船员在船期间，包括上船或者遣返途中，发生死亡的，船东除应当支付赔偿外，还需付清该船员所有应得的收入，妥善保管并返还遗物，妥善安置骨灰或遗体。

船员在船期间因生病或受伤丧失工作能力需要离船治疗的，船东应妥善保管并返还船员财物。

第四十八条　船东可参照附件5《船员在船伤病亡处理行业建议标准》执行本章条款。

第十章　遣　返

第四十九条　船员在船工作期间，有下列情形之一的，可以要求遣返：

（一）船员的劳动合同终止或者依法解除的；

（二）船员不具备履行船上岗位职责能力的；

（三）船员配偶、子女、父母死亡或病危的；

（四）船舶灭失的；

（五）由于破产、变卖船舶、改变船舶登记或者其他原因，船东不能继续履行对船员的法定或者约定义务的；

（六）船员在船连续服务12个月的；

（七）由于不可抗力造成的其他应当遣返的情况。

符合前款条件的，船员要求遣返的船东应当同意。

第五十条　船员可以从下列地点中选择遣返地点：

（一）船员接受招用的地点或者上船任职的地点；

（二）船员的居住地、户籍所在地或者船籍登记国；

（三）船员与船东约定的地点。

第五十一条　船员离开船舶回到遣返目的地的遣返费由船东支付。

船东对于新招募的船员，在试用期内，如果发现其不称职，可以依法与其解除劳动合同，将其遣返或与船员协商降职使用。如果遣返，遣返费用由船东支付。

第五十二条　遣返应当以合理的方式进行，船东应当负责船员在途中食宿费、交通费以及合同规定的其他费用，直至遣返目的地为止。

第十一章 解除和终止合同

第五十三条 船员以书面申请的形式提前三十天通知船东或者通过船长通知船东,可以提前解除其劳动合同,但《劳动法》、《劳动合同法》、《船员条例》另有规定的除外。

第五十四条 有下列情形之一的,船员可以解除劳动合同或者要求遣返:

(一)船员工作于合同约定的某特定航线后,如果该特定航线发生了实质性变化,经过船东与船员的协商,就调整航线无法达成一致意见的。

(二)如果船员所工作的船舶,依照《(1974 年)国际海上人员生命安全公约》(SOLAS)或港口国检查,被证实不适航,并且船舶的缺陷永久不能得到修复,使船东不能继续履行合同约定的义务。

(三)符合《中华人民共和国劳动合同法》第 38 条规定情形的。

船员要求遣返的,船东应当同意,并支付相应的遣返费用。

第五十五条 以下情况船员违抗命令不开航,将不作为船员的过错,船东也不应因此单方面解除劳动合同:

(一)依照《(1974 年)国际海上人员生命安全公约》(SOLAS)或者港口国检查被证实不适航的;

(二)无论何种原因,船舶属于非法开航,如:不具备船舶安全航行条件的;可能危及人员、财产和船舶安全的;可能造成水域环境污染的;对船舶航行安全构成威胁的等。

第五十六条 解除或者终止船员劳动合同,涉及支付经济补偿金的,船东应当严格按《劳动合同法》等法律、行政法规的具体规定执行。

船长和高级船员在航次中,不得擅自辞职、离职或者终止职务。

船员违法解除劳动合同,或者违反劳动合同中约定的保密义务或者竞业限制,给船东造成损失的,应当承担赔偿责任。

第十二章 船员投诉及劳动争议

第五十七条 船东应当为船员提供体面工作的条件,不得依据种族、肤色、性别、宗教信仰、民族血统、社会出身等施以歧视,使船员在一个不受虐待和歧视的环境中工作、训练和生活。

第五十八条 船员在船期间发生劳动争议,可以通过船舶工会协调解决或者向上级工会投诉。

发生劳动争议，当事人不愿意协商、协商不成或者达成和解协议后不履行的，可以依照法律规定的途径解决。

第五十九条　船员发现其工作的船舶有不符合本协议规定的劳动标准的情形，可以向中国海员建设工会、中国船东协会投诉；也可以向该船舶停靠的港口所在地或者船员劳动关系所在地的中国海事主管部门投诉。

第十三章　船员的教育培训

第六十条　船东应当建立职业培训制度，按照国家规定提取和使用职业培训经费，有计划地对船员进行职业培训，增强船员的就业能力和工作能力，促进中国船员队伍整体素质提高。

第六十一条　船东出资对船员进行专业技术培训的，可以与船员约定相应的服务期限。

船员违反服务期约定的，应当按照法律法规的相关规定向船东支付违约金。

第十四章　附　　则

第六十二条　在从事国际或者港澳台航线航行的500总吨以下商船上工作的船员的劳动标准参照本协议执行。

第六十三条　船东需要船员服务机构提供配员服务的，应当选择持有中国海事局颁发的有效的《船员服务机构许可证》的船员服务机构。

船东应当确保与船员服务机构签订的劳务派遣协议中有关船员权益的劳动标准不低于本协议的规定。

船东管理的船员服务机构在签订船员派遣协议时应确保协议中有关船员权益的劳动标准不低于本协议的规定。

第六十四条　本协议语言为中文、英文，以中文版本为准。

第六十五条　船东应提交《履行〈中国船员集体协议（A类）〉申请书》（附件3）、《方便旗船舶使用〈中国船员集体协议（A类）〉特别声明》（附件4），由中国海员建设工会与中国船东协会出具确认书。船东应将申请书（或特别声明）复印件、确认书复印件与本协议文本一同留船备查。

第六十六条　本协议的修改或者附加，须由签约双方协商一致，以书面形式签字同意，并收编在本协议中。本协议更新后，自动执行新协议标准。

第六十七条　本协议有效期从 2015 年 1 月 1 日起至 2015 年 12 月 31 日止。

中国海员建设工会全国委员会　　　　中国船东协会
首席代表签字：　　　　　　　　　　首席代表签字：

2014 年 12 月 × × 日　　　　　　2014 年 12 月 × × 日

附件 1:最低基薪

职　务	基薪(美元)	职　务	基薪(美元)
1. 船长	1 971	12. 水手长	654
2. 轮机长	1 792	13. 机工长	654
3. 大副	1 272	14. 大厨	654
4. 大管轮	1 272	15. 木匠	654
5. 二副	1 018	16. 船医	654
6. 二管轮	1 018	17. 一水	585
7. 电子电气员	1 018	18. 一机	585
8. 三管轮	982	19. 服务员	435
9. 三副	982	20. 厨工	499
10. 电机员	1 018	21. 二水	435
11. 管事	708	22. 二机	435

附件 2:最低伙食费标准

全球航线:8 美元/人/天

东南亚航线:6 美元/人/天

附件3:履行《中国船员集体协议(A类)》申请书

履行《中国船员集体协议(A类)》申请书

公司名称:

注册地址:

联系地址:

经营许可证号:

法定代表人姓名:

法定代表人身份证号:

公司联系人:

联系方式(电话,传真,邮编,电子邮箱):

本公司以下______条中国籍船舶,申请履行《中国船员集体协议(A类)》。

船舶名录:

序号	船舶名称	船舶呼号	国际海事组织编号	船舶种类
1				
2				
3				
4				

(可另附纸,另附纸的每页需加盖公章)

公司(盖章)

______年____月____日

填写说明:

1. 中国船东协会的会员单位拥有和(或)管理的中国籍船舶需要使用本协议的,应填写《履行〈中国船员集体协议(A类)〉申请书》,一式三份。

2. 二份提交至中国船东协会,一份船东保留。

3. 审核后,中国海员建设工会与中国船东协会共同出具确认书。

4. 船东应将确认书和申请书复印件、集体协议一同留船备查。

附件4:方便旗船舶使用《中国船员集体协议(A类)》特别声明

方便旗船舶使用《中国船员集体协议(A类)》特别声明

公司名称:

注册地址:

联系地址:

经营许可证号:

法定代表人姓名:

身份证号:

公司联系人:

联系方式(电话,传真,邮编,电子邮箱):

特别声明如下:

本公司在以下船舶上雇佣的中国籍船员,适用《中国船员集体协议(A类)》。

本公司保证:1. 声明中所列船舶上所有中国籍船员适用《中国船员集体协议》,已按照船旗国要求备案或得到船旗国主管部门许可,不违反船旗国法律。2. 本公司对本声明的真实性承担全部法律责任。3. 本声明从签发之日起生效。4. 本声明有效期截止于2015年12月31日。

本公司以下______船旗共______条船舶(如拥有或管理2个或以上国家旗帜,在此处按船旗不同分别列明每种船旗的船舶总数),申请履行《中国船员集体协议(A类)》。

船舶名录:

序号	船舶名称	船舶呼号	国际海事组织编号	船舶种类
1				
2				
3				
4				

(可另附纸,另附纸的每页需加盖公章)

公司(盖章)

______年____月____日

填写说明：

1. 中国船东协会的会员单位拥有和(或)管理的方便旗船舶需要使用本协议的,应填写《方便旗船使用〈中国船员集体协议(A类)〉特别声明》,一式三份。

2. 二份提交至中国船东协会,一份船东保留。

3. 审核后,中国海员建设工会与中国船东协会共同出具确认书。

4. 船东应将确认书和特别声明复印件、集体协议一同留船备查。

附件5:船员在船伤病亡处理行业建议标准

第一章 总 则

第一条 为保障船员在船工作期间遭受事故伤害或患病后能够及时获得医疗救治和经济补偿,促进工伤预防和职业康复,维护船员和船东合法权益,依据国际相关公约和国内《工伤保险条例》等法律法规,参照行业内船员伤病亡赔付惯例,制定本标准。

第二条 本标准适用于使用并履行《中国船员集体协议(A类)》的船东及中国船员。

第三条 船东应当为船员提供职业安全、健康保护培训,制定积极、有效的预防和保障措施,防止伤害事故和疾病发生。船员在船一旦发生伤病亡事故,船东有责任和义务保证伤病船员迅速得到船上、岸上的医疗救助。

第二章 工伤死亡补偿

第四条 船员在船因工死亡,除去依照《工伤保险条例》依法得到补偿外,船东应不低于以下标准给予船员近亲属一次性死亡补偿。

计算方法如下：

年龄	补偿金额(人民币元)
40岁及以下	84个月在船工资收入
40岁以上	60个月在船工资收入

注:①计算补偿金额时,在船工资月收入大于或等于15 000元的,以15 000元为基数计算;月收入小于或等于7 000元的,以7 000元为基数计算;月收入大于7 000元小于15 000元的以实际收入计算。

②年龄:指船员遭遇意外伤亡时的年龄。

第三章　工 伤 处 理

第五条　医疗费承担

船员在船因工受伤后，直至医疗期结束，其治疗工伤所需的医疗、救助、遣返等相关费用均由船东支付。

治疗期指对受伤或患病船员进行治疗，至伤病痊愈；或确诊为永久性疾病、永久性残疾；或约定的治疗期届满（双方约定的治疗期不应少于 16 周）。

第六条　治疗期工资待遇

船员在船因工受伤后，直至治疗期结束，船东应当支付全额工资。

第七条　船东补偿

已评定伤残等级的工伤船员除按照《工伤保险条例》等法律法规享有相关待遇外，船东应以本标准第四条确定的一次性死亡补偿标准为基数，分别按如下比例额外给予已评定伤残等级的工伤船员一次性伤残补偿。支付伤残补偿金期限不能超过伤残等级评定后 60 天。

一级伤残 80%；二级伤残 70%；三级伤残 50%；四级伤残 30%；
五级伤残 20%；六级伤残 15%；七级伤残 10%；八级伤残 7%；
九级伤残 5%；十级伤残 2%。

第四章　患病或非因工负伤处理

第八条　医疗费承担

（一）船员在船工作期间患病或非因工负伤，船东应当及时为船员安排治疗，在国外、中国香港、中国澳门特别行政区以及台湾地区治疗所需的医疗、救助、遣返等相关费用均由船东支付。

（二）患病或非因工负伤船员被遣返后，在国内的医疗费按社会医疗保险相关规定处理，社会医疗保险不予支付的费用按照双方约定的协议处理。

第九条　患病或非因工负伤工资待遇

（一）船员在船期间，需向船员支付全额在船工资。

（二）在船患病的船员遣返后，其医疗期内的待遇或补偿可通过派船协议双方约定，但不得低于船员公休工资或待派工资，两者以较高者为标准。

第五章　附　　则

第十条　船东在依法参加社会保险外，可以为在船船员的疾病、伤残、死亡等向声誉良好的船东互保协会或保险公司投保，出险后船东要及时给予医疗救助，必要时先行垫付相关医疗费用并负责追缴索赔，及时转交船员或船员近家属。

第十一条　船东应采取措施保护患病、受伤或死亡船员留在船上的财物，并将其妥善归还给船员或其亲属。

第十二条　本标准的修订和有效期与《中国船员集体协议》（A类）一致。

履行《中国船员集体协议A类》申请确认流程

一、五星红旗船舶履行《中国船员集体协议A类》的申请确认流程：

1. 船东提交《〈中国船员集体协议（A类）〉申请书》（附件3），一式两份。

2. “申请书”加盖公章，快寄（或转交）给中国船东协会。

3. 中国船东协会收到“申请书”后，进行审核。审核通过后，出具“确认书”一式三份，盖公章后连同将其中一份“申请书”转给中国海员建设工会，另一份“申请书”留存。

4. 中国海员建设工会对“申请书”进行确认后，在三份“确认书”上盖公章，将二份“确认书”转给中国船东协会。将一份“确认书”和“申请书”存档。

5. 中国船东协会收到“确认书”后，将一份“确认书”及集体协议文本转交船东，另一份“确认书”连同留存的“申请书”一并存档。

6. 船东将集体协议、“确认书”复印件留船备查。

二、方便旗船舶履行《中国船员集体协议A类》的申请确认流程：

1. 船东提交《方便旗船使用〈中国船员集体协议〉的特别声明（附件4）》一式两份。

2. “特别声明”加盖公章，快寄（或转交）给中国船东协会。

3. 中国船东协会收到“特别声明”后，进行审核。审核通过后出具“确认书”一式三份，盖章后连同一份“特别声明”转给中国海员建设工会，另一份“特别声明”留存。

4. 中国海员建设工会对“特别声明”进行确认后，在三份“确认书”上盖章，将两份“确认书”转给中国船东协会。将一份“确认书”和“特别声明”存档。

5. 中国船东协会收到“确认书”后，将一份“确认书”及集体协议文本转交船东，另一份“确认书”连同留存的“特别声明”一并存档。

6. 船东将集体协议、“确认书”复印件留船备查。

附录 2：

船员劳动合同范本

广东省海船船员劳动合同

（粤人社合审[2010]011 号）

甲 方（用人单位）：

名称：________________________________

法 定 代 表 人（或负责人）：________________________

登 记 注 册 地：________________________

联 系 电 话：________________________

乙 方（船员）

姓名：____________

居 民 身 份 证 号：________________________

户 籍 所 在 地：________________________

现 住 址 ：________________________

联 系 电 话：____________

根据《中华人民共和国劳动合同法》、《中华人民共和国船员条例》以及国家和广东省的有关规定，甲乙双方在平等自愿、协商一致、诚实信用的基础上签订本合同，并共同遵守下列所有条款。

一、劳动合同期限

第一条　合同期

（一）合同期

双方同意按以下第______种方式确定本合同期限：

1. 固定期限：从______年______月______日起至______年______月______日止。本合同期限为____海龄月，甲方承诺在____年内安排完成。

2. 无固定期限：从______年______月______日起至本合同约定的终止条件出现时止（不得将法定解除条件约定为终止条件）。

3. 以完成一定的工作为期限：从________________起至____________工作任务完成时止。该工作任务完成的标志为________________。

（二）试用期

双方同意按以下第______种方式确定试用期期限（试用期包括在合同期内）：

1. 无试用期。

2. 试用期从______年______月______日起至______年______月______日止。

3. 试用期____个海龄月，且不得违反《劳动合同法》第十九条的规定。

第二条　当本合同为固定期限劳动合同时，如果合同终止发生于乙方在船工作期间，本合同期限自动延续至乙方到达双方约定的遣返目的地之日。

二、工作内容和工作纪律

第三条　乙方同意根据甲方工作需要和自身职务等级担任船舶相应岗位的工作，订立本合同时的岗位为__________。乙方的工作地点为______。

第四条　甲方在聘用乙方以后，如果安排乙方服务的船舶驶经战区、疫区或者运输有毒、有害物质，必须向乙方做出明确说明，乙方有选择是否同意前往服务的权利。

乙方不同意在驶经战区、疫区或者运输有毒、有害物质的船舶上服务的，不视为违反甲方正常的工作安排，甲方不得据此给予乙方不利待遇。

第五条　乙方同意按照工作内容和岗位要求，认真履行岗位职责。

第六条　甲方根据生产经营需要，依法制定规章制度和劳动纪律。

乙方应严格遵守安全操作规程和甲方的日常管理规定，服从甲方合理的调遣。

第七条　乙方在船服务期间，途经他国境内，要自觉遵守该国法律、民俗及国际惯例。

第八条　乙方在航次中，不得违法擅自辞职、离职或者中止职务。

第九条　乙方违反甲方依法制定的劳动纪律和规章制度，甲方有权据此做出相应处理，直至解除本合同。

第十条　甲乙双方对工作内容和工作纪律的其他约定________
____

三、工作时间和休息休假

第十一条　甲方经人力资源社会保障行政部门批准后可以安排乙方执行综合计算工时制度。

甲方通过轮班工作、集中公休的方式，保证乙方的休息休假。星期六、星期日以公休的形式给予补休，不能安排补休或者只能安排部分补休的，对于未补休的时间甲方将依法给予乙方加班费。

船舶航行期间，乙方每日正常工作时间为八小时。

第十二条　乙方在船连续工作期间一般不超过____个月，但在油船、化学品船等特种船上连续工作一般不超过____个月。

如船舶停靠港口或者航行的航线不适宜更换船员的，甲方可适当顺延乙方的工作期限，但最长不得超过两个月。乙方在船工作满____个月（特种船满____个月）后未能下船的视为逾期。从第____个月（特种船第____个）起由甲方向乙方支付______/月的超期补贴。

第十三条　甲方根据工作制度实施船员计划调配，可以适当缩短乙方公休期限，但乙方此前在船连续工作八个月以上的，甲方应当保证乙方连续休假时间不少于____天。乙方超期服务的，连续休息休假时间相应延长。

第十四条　乙方除享有国家法定节假日的假期外，每在船工作二个月还应享有____日（不少于五日）的年休假。

第十五条　甲乙双方对工作时间的其他约定____

四、劳动报酬

第十六条　乙方在船期间，甲方应按双方签订的“船员服务协议”，或按照乙方签名认可的甲方依法制定的工资制度，按时足额支付乙方的工资及其他报酬。

在合同期间，乙方待派期间工资为______元/月或者按____执行（不得低于甲方所在地人民政府公布的最低工资标准），因乙方个人原因导致的待派期间延长的，计算为事假时间，甲方可不支付延长期间的乙方待派工资。

乙方在公休期间的工资为________元/月或者按________执行。

第十七条　甲乙双方对工资的其他约定____

第十八条　乙方服务的船舶在驶经战区、疫区或者运输有毒、有害物质期间，甲方应依法为乙方办理人身保险或健康保险，并按______/日向乙方支付特殊津贴，不足五日，按五日计算。

第十九条　甲方向乙方支付工资时，应当出具工资清单，包括乙方姓名、发放时间、应付工资、实发工资、代扣和扣减项目等内容，并由乙方签字确认。

第二十条　甲方按国家的相关规定，为乙方实行工资持续增长制度。

第二十一条　甲方可以根据管理需要制定更为详细的工资计算和支付规则，但制定的工资和支付规则不得违反本合同的相关规定。

五、社会保险和伤亡保赔

第二十二条　甲乙双方建立劳动关系以后，甲方依法为乙方办理养老保险、医疗保险、工伤保险、失业保险、生育保险等社会保险手续，并按时足额申报、缴纳社会保险费，其中乙方应缴纳的社会保险费由甲方根据我国法律法规代扣代缴。

第二十三条　乙方在船期间发生伤病，甲方应当及时为其安排治疗，并依法给予治疗期及支付相关费用。

第二十四条　甲方为确保乙方在船期间发生的疾病、伤残、死亡及时得到赔偿，甲方应向声誉良好的船东互保协会或者保险公司投保，赔偿标准根据具体的保险合同确定。

出险后甲方将负责追索保险赔偿金，并及时、全额转交给乙方或者乙方的继承人。

第二十五条　如乙方在船期间发生疾病、伤残或者死亡事故既符合商业保险赔付条件、又符合国家有关法律规定的社会保险赔付条件，但不能获得商业保险和社会保险同时赔付，乙方或者乙方的继承人有权选择赔付方式。

第二十六条　乙方在船期间因本人故意不当行为造成其损害，且不属于甲方投保的商业保险和社会保险赔付范围的疾病、伤残和死亡，甲方不负赔偿责任。认定为工伤的，按照国家和省工伤保险法规的规定办理。法律另有特殊规定，从其规定。

第二十七条　乙方患职业病或者在因工负伤的，其工资和医疗保险待遇按国家有关规定执行。

第二十八条　甲乙双方约定的其他事项：____________________

____

六、劳动保护、劳动条件和职业危害防护

第二十九条　甲方建立、健全劳动安全卫生制度，严格执行国家劳动安全规程和标准，为乙方提供符合国家规定的劳动安全卫生条件和充足的劳动防护用品及必要的季节防护用品。

第三十条　甲方建立职业培训制度，按照国家规定提取和使用职业培训经费，对乙方进行职业安全、健康保护、安全生产等方面的培训，并依法对乙方进行定期体检。

第三十一条　乙方应按规定参加甲方组织的职业安全、健康保护和安全生产等方面的培训，并严格执行甲方就此方面做出的考核要求。

第三十二条　甲乙双方约定的其他事项：______________________

____

七、遣返

第三十三条　乙方在船工作期间，有下列情形之一的，乙方有权要求遣返，甲方应当同意：

（一）本合同终止或者依法解除的；

（二）乙方不具备履行船上岗位职责能力的；

（三）乙方配偶、子女、父母死亡或病危的；

（四）船舶灭失的；

（五）由于破产、变卖船舶、改变船舶登记或者其他类似原因，甲方不能继续履行对乙方的法定或者约定义务的；

（六）由于不可抗力造成的其他应当遣返的情况。

第三十四条　在试用期内，甲方认为乙方不符合录用条件的，可以依法解除合同将其遣返，或者经乙方同意将其降职任用。

第三十五条　乙方的遣返地点可以为：

（一）乙方接受雇佣的地点或者上船任职的地点；

（二）乙方的居住地、户籍所在地；

（三）____

第三十六条　乙方的遣返费用由甲方支付。遣返费用包括乙方乘坐交通工具的费用、旅途中合理的食宿费及医疗费用、不超过30公斤行李的运输费用及____________________________。

第三十七条　甲乙双方约定的其他事项：______________________

____

八、劳动合同的变更、解除和终止

第三十八条　甲乙双方协商一致,可以变更或者解除本合同。变更本合同,应当采用书面形式。

第三十九条　乙方以书面申请的形式提前三十天通知甲方或者通过船长通知甲方,可以解除其劳动合同,但《劳动法》、《劳动合同法》、《船员条例》另有规定的除外。

第四十条　有下列情形之一的,乙方可以解除劳动合同或者要求遣返:

(一)乙方工作于合同约定的某特定航线后,如果该特定航线发生了实质性变化经过船东与船员的协商,就调整航线无法达成一致意见的;

(二)如果乙方所工作的船舶,依照《(1974年)国际海上人员生命安全公约》(SOLAS)或港口国检查,被证实不适航,并且船舶的缺陷永久不能得到修复,使甲方不能继续履行合同约定的义务;

(三)甲方或乙方所服务的船东及船上人员以暴力、威胁或者非法限制人身自由的手段强迫乙方劳动的,或者甲方违章指挥、强令冒险作业危及乙方人身安全的;

(四)甲方未按照劳动合同约定提供劳动保护或者劳动条件的;

(五)甲方未依法为乙方缴纳社会保险规费的;

(六)甲方未及时足额支付劳动报酬的;

(七)甲方的规章制度违反法律、法规的规定,损害乙方的正当权益的;

(八)法律、行政法规规定乙方可以解除劳动合同的其他情形。

甲方的行为对乙方造成经济损失的,甲方应予以赔偿。乙方要求遣返的,甲方应当同意,并支付相应的遣返费用。

第四十一条　有下列情形之一的,甲方可以解除劳动合同

(一)乙方严重违反甲方或与甲方签订相关劳务派遣协议的船东、船舶经营人或船舶承租方依法制定的规章制度的。

(二)乙方严重失职,营私舞弊,或者在船工作期间违法擅自离职或中止职务,对甲方利益造成重大损害的。

(三)乙方因个人的行为被吊销船员服务簿或适任证书,或被依法追究刑事责任的。

(四)乙方在合同期内与其他用人单位订立劳动合同,或在其他单

位工作，或从事其他有报酬的工作，严重影响甲方派船工作的或经甲方提出，拒不改正的。

甲方依本条解除劳动合同的，甲方应书面通知乙方。

第四十二条　有下列情形之一的，甲方提前三十日以书面形式通知乙方或者额外支付乙方一个月工资后，可以解除劳动合同，并依法给予经济补偿及医疗补助费。

（一）乙方患病或非因工负伤，医疗期届满后不能从事原工作，也不能从事由甲方另行安排的船上工作的。

（二）乙方上船工作后，不能胜任本职工作，经在职培训或者调整工作岗位后仍不能胜任的。

（三）劳动合同订立时所依据的客观情况发生重大变化，致使原劳动合同无法履行，经双方协商不能就变更劳动合同达成协议的。

第四十三条　以下情况乙方违抗命令不开航，甲方不得将其视为违约，也不得因此单方面解除劳动合同。

（一）依照《（1974 年）国际海上人员生命安全公约》（SOLAS）或者港口国检查被证实不适航的。

（二）无论何种原因，船舶属于非法开航，如：不具备船舶安全航行条件的；可能危及人员、财产和船舶安全的；可能造成水域环境污染的；对船舶航行安全构成威胁的等。

第四十四条　乙方在船期间若担任船长和高级船员，不得违法擅自辞职、离职或者中止职务。

乙方违法解除劳动合同，给甲方造成损失的，应当根据《劳动合同法》承担相应赔偿责任。

第四十五条　本合同解除或终止后，涉及支付经济补偿金的，甲方应严格按《劳动合同法》等法律、行政法规的具体规定执行。

本合同中经济补偿金条款所涉及的月工资是指乙方在本合同解除或者终止前十二个月的平均工资。乙方工作不满十二个月的以实际工作时间计算平均工资。

第四十六条　甲方应当在解除或者终止本合同时出具解除或者终止劳动合同的证明，并在十五日内为乙方办理档案和社会保险关系转移手续。甲方依法应当支付经济补偿金的，在办结工作交接时支付。

九、违约责任

第四十七条　因一方或者双方的过错，导致本合同被确认无效，给对方造成损害的，有过错的一方承担赔偿责任，双方都有过错的，各自承担相应的赔偿责任。

第四十八条　一方或者双方违反本合同约定的，按相关法律法规的规定处理。

十、下列文件规定为本合同附件，与本合同具有同等效力：

____

十一、其他约定条款：

____

十二、本合同未尽事宜，法律法规有规定的，按法律法规规定执行；法律法规没有规定的，由双方协商解决；若双方协商不成或者发生劳动争议，可以依法向调解机构申请调解，或者依法申请劳动争议仲裁、向人民法院提起诉讼。

十三、本合同一式____份，自双方签字盖章之日起生效；双方各执____份，具有相同的法律效力，如需鉴证的，鉴证机构保留一份。

甲方（盖章）　　　　　　　　　　　　乙方（签名）：
法定代表人、负责人
或委托代理人（签名）：
年　月　日　　　　　　　　　　　　年　月　日

鉴证机构（盖章）：
鉴证日期：

参考文献

[1] 张朝霞．劳动与社会保障法[M]．武汉:华中科技大学出版社,2009.

[2] 赵蓉．劳动与社会保障法学[M]．兰州:兰州大学出版社,2006.

[3] 郭捷．劳动和社会保障法[M]．北京:法律出版社,2008.

[4] 王秀芬．国际劳工组织的船员立法趋势及我国的对策研究:以《2006 年海事劳工公约》为视角[M]．北京:法律出版社,2009.

[5] 陈刚,郝勇．船员劳动权益与社会保障[M]．武汉:武汉理工大学出版社,2012.

[6] 余世平,刘新．劳动法实务与案例评析[M]．北京:中国工商出版社,2002.

[7] 孔令文．航海类专业毕业生的职业生涯路线选择[M]．中国大学生就业,2006(12):38-39.

[8] 马丽．关于船员劳务合同有关法律问题的研究[D]．大连:大连海事大学,2003.

[9] 彭敏．船员工资制度研究[D]．大连:大连海事大学,2009 年．

[10] 姜莉．菲律宾海员法研究[D]．大连:大连海事大学,2007.

[11] 王芸．劳动合同订立的若干法律问题研究[D]．四川:四川大学,2005.

[12] 蒋相合．劳动合同效力制度研究[D]．广州:广东外语外贸大学,2009.

[13] 沈艳慧．劳动合同变更问题研究[D]．厦门:厦门大学,2006.

[14] 徐豪．中国海员人才培养研究[D]．大连:大连海事大学,2001.

[15] 厦门失海渔民转产发展对策研究课题组．厦门失海渔民转产发展的对策研究报告[EB/OL]．[2011-08-08]. http://www. xmsk. cn/.

[16] 张照东,叶勇．外派船员劳务纠纷若干问题辨析[EB/OL]．[2011-08-08]. http://www. xmls. cn/details. aspx? ID =5453.

[17] 曹雪．双重劳动关系法律制度探析[D]．北京:中国政法大学,2009.

[18] 陈晶．船员人身伤亡损害赔偿法律制度研究[D]．上海:复旦大

学,2009.
[19] 浦莉. 完善我国工伤赔偿法律制度的思考[D]. 苏州:苏州大学,2007.
[20] 张晓. 船员劳动安全与职业保障[M]. 北京:人民交通出版社,2011.
[21] Maritime and Coastguard Agency. 商船海员安全工作守则(2007 年综合版). 伦敦:英国皇家文书部,2007.
[22] 李璐玲. 对船员工资优先权几个问题的再思考[J]. 中国海商法年刊,2010,21(1):68-73.

图书在版编目(CIP)数据

海船船员手册/中华人民共和国海事局主编. —北京:人民交通出版社股份有限公司,2015. 6

ISBN 978-7-114-12278-1

Ⅰ. ①海… Ⅱ. ①中… Ⅲ. ①海船—船员—手册 Ⅳ. ①U676. 2-62

中国版本图书馆 CIP 数据核字(2015)第 115823 号

书　　名: 海船船员手册
著 作 者: 中华人民共和国海事局
责任编辑: 赵瑞琴
出版发行: 人民交通出版社股份有限公司
地　　址: (100011)北京市朝阳区安定门外外馆斜街 3 号
网　　址: http://www. ccpress. com. cn
销售电话: (010)59757973
总 经 销: 人民交通出版社股份有限公司发行部
经　　销: 各地新华书店
印　　刷: 北京市密东印刷有限公司
开　　本: 880 × 1230　1/32
印　　张: 7. 625
插　　页: 1
字　　数: 234 千
版　　次: 2015 年 6 月　第 1 版
印　　次: 2016 年 6 月　第 2 次印刷
书　　号: ISBN 978-7-114-12278-1
定　　价: 18. 00 元
(有印刷、装订质量问题的图书由本公司负责调换)